Gestern Nacht im Taxi

Mit Dank an Christian und Andreas
für die Zeitungsanzeige.

Sascha Bors

Gestern Nacht im Taxi

Skurrile Geschichten
eines Taxifahrers

emons:

Bibliografische Information der Deutschen Nationalbibliothek
Die Deutsche Nationalbibliothek verzeichnet diese Publikation in der Deutschen Nationalbibliografie; detaillierte bibliografische Daten sind im Internet über http://dnb.d-nb.de abrufbar.

Umschlaggestaltung: init, Büro für Gestaltung, Bad Oeyenhausen

Lektorat: Marit Borcherding, München

Satz und Gestaltung: Primustype Hurler GmbH, Notzingen
Druck und Bindung: CPI books GmbH, Leck
ISBN 978-3-95451-497-7

Taxifahren ist total einfach

Taxifahren ist wirklich total einfach: Man wartet, ein Fahrgast steigt ein, er sagt, wo es hingehen soll, und dann fährt man als Fahrer dorthin. Vielleicht nach einem Blick auf eine Karte, vielleicht, nachdem man das Navi programmiert hat. Man kann nicht alles wissen. Aber ansonsten: total einfach.

Das hört man nicht oft von Taxifahrern und das liegt unter anderem daran, dass es australische Touristen in himmelblauen T-Shirts gibt.

Als ich wie so oft an meiner liebsten Taxihalte am Berliner Ostbahnhof stand und ihn auf mich zukommen sah, stellte ich schon von Weitem fest, dass nicht nur das T-Shirt blau war. Der jugendlich aussehende Kerl mit kurz geschorenen Haaren hatte erstens gut einen im Tee, zweitens wurde auch seine Haut langsam blau. Wenig verwunderlich, wenn man im tiefsten Januar in einem kurzärmligen Hemd herumrennt. Er tippelte ein wenig um mein Taxi herum, dann stieg er mit Schwung ein, wirklich jämmerlich frierend, und stammelte:

»Hey man, can you bring me to my hostel?«

»Of course.«

Der Kunde sagt, wo er hin will, und ich fahre hin. Ganz einfach.

»Where is your hostel, what's its name?«

»I don't know the name. It started with a C. But the name of the place is Platz.«

Grandios! Man sagt Berlin nicht ohne Grund nach, wegen der Größe der Stadt für Taxifahrer ein besonders hartes Pflaster zu sein. Deswegen müssen wir für die sogenannte Ortskundeprüfung auch ziemlich viel lernen. Hunderttausende von Strecken, wenn man ganz sicher bestehen will. Aber nicht einmal bei dieser hochnotpeinlichen Befragung würde jemand auf die Idee kommen, uns von einem Hostel nur den Anfangsbuchstaben zu nennen. Und selbst Plätze hat Berlin mehr als die meisten mittelgroßen Städte in Deutschland Häuser haben.

Aber nun stand ich da. Mit einem Australier im Gepäck, der laut eigenem Bekunden ein bisschen mit den Jahreszeiten durcheinandergekommen war und kurz davor stand, zu erfrieren.

Wir fingen an, alle möglichen Hotels und Hostels durchzugehen. Vergeblich. Dasselbe bei den Plätzen. Er sollte an einer Bahnlinie liegen, unweit eines anderen Platzes. Da mein gestrandeter Australier aber nicht zwischen Fernzügen, Straßen-, U- und S-Bahnen unterschied, war das nur bedingt hilfreich.

Taxifahren ist total einfach. Wenn der Kunde weiß, wo er hin will.

Ich warf mit Hostel- und Platznamen um mich, fast so wild wie damals, als ich noch für die Prüfung lernte. Nur viel planloser und willkürlicher. Mein Fahrgast erkannte die schwierige Lage und schlug vor, zum Potsdamer Platz zu fahren. Das kam ihm irgendwie bekannt vor.

Wahrscheinlich aus einem Stadtführer, denn er versicherte mir, dass da, wo sein Hostel war, keine Hochhäuser stehen würden. Was bedeutete, es könnte sich überall befinden – außer am Potsdamer Platz. Denn dort sind die Hochhäuser nicht zu übersehen, sonst hat Berlin eher wenig hohe Gebäude aufzuweisen und ist im Laufe seiner Geschichte mehr in die Breite gewachsen.

Aber er überzeugte mich, doch erst einmal loszufahren. Ich startete das bislang ausgeschaltete Taxameter und folgte recht skeptisch gestimmt seiner bescheidenen Anweisung. Im schlimmsten Fall würde es halt eine teure Fahrt im Kreis werden, mit Gelegenheit für meinen himmelblauen Australier, sich etwas aufzuwärmen.

Aber hieß seine Unterkunft nun Central Hostel oder Cesar's? Beide Namen sagten mir nichts, aber ich hätte sie nachschlagen können. Condor oder Como? Castle oder Cyber? Mir war unbegreiflich, wie sich jemand nur einen einzelnen Buchstaben merken konnte.

Glücklicherweise fluchte er ein wenig vor sich hin, während er weiterhin überlegte, ob er mir sein Ziel besser beschreiben könnte, denn dabei fielen irgendwann – unter vielen anderen – folgende Worte:

»Where's that fucking Christ Hostel?«

Christ? Das hatten wir noch nicht. Könnte es vielleicht ein Christoph …

»Ey! Do you mean the St. Christopher's Hostel?«

»Hell yeah!«

Ich sah mich kurz um, und als ich keine Streifenwagen in der näheren Umgebung ausmachen konnte, riss ich das Steuer theatralisch herum und wendete illegal mitten auf der Leipziger Straße, um endlich das Ziel anzusteuern. Das St. Christopher's Hostel! Natürlich!

Mein durchgängig blauer Fahrgast hatte mit all seinen Umschreibungen Recht: Das Hostel liegt am Rosa-Luxemburg-Platz, nur eine U-Bahn-Station vom Alexanderplatz entfernt. Weshalb sich der Held von Down Under ausgerechnet »Platz« gemerkt hat, wollte mir nicht in den Kopf gehen. Hätte er nur Rosa oder Luxemburg im Gedächtnis behalten, oder dass der Platz nach einer Person benannt ist oder vielleicht, auch wenn das falsch gewesen wäre, nach einem Land! Meinetwegen auch, dass es ein Doppelname war oder dass ein X darin vorkam. Er hätte nach einem Laos-Ratzenberg-Platz fragen können, ich wäre umgehend darauf gekommen. Stattdessen: Platz. Meine Fassungslosigkeit als hauptberuflicher Auskenner war wirklich grenzenlos.

Doch statt meinem Fahrgast das alles an den Kopf zu werfen, machte ich gute Miene zum bösen Spiel und setzte einen enorm glücklichen – und inzwischen aufgeheizten – Menschen vor seinem Hostel ab. Endgültig verflog mein Ärger, als er sein Portemonnaie auspackte. Es war glücklicherweise nicht himmelblau, dafür aber gut gefüllt. Er leerte das Kleingeldfach einfach komplett in meine Hand, nachdem er mit einem Zehner bereits den Großteil des aufgelaufenen Taxameterpreises beglichen hatte. So ist das mit dem Taxifahren auch manchmal: Um sieben Euro Trinkgeld zu bekommen, genügt es, fünf Minuten die Klappe zu halten. Ansonsten ist es – wie schon erwähnt – wirklich total einfach.

Als Schwabe in Berlin

Vielleicht sollte ich mich erst einmal vorstellen. Mein Name ist Sascha, 1981 in Stuttgart geboren und schon ein paar Jahre als Taxifahrer in Berlin unterwegs. Im Gegensatz zu den meisten meiner schwäbischen Landsleute treibe ich nicht in Prenzlauer Berg die Mieten in die Höhe, sondern freue mich seit 2007 darüber, dass es in Marzahn noch Wohnungen gibt, die man sich auch als Niedriglohnjobber leisten kann.

Dass ich, statt ganz im Geiste der Kehrwoche den Gehweg vor dem Haus selbst zu reinigen, auf die Berliner Stadtreinigung schimpfe, weil die das nicht tut, macht aus mir schon fast einen vorbildlichen Einheimischen. Ich mag Berlin, wie es ist. Trotz aller Überheblichkeiten hin und wieder noch anarchisch, dreckig und ein bisschen unberechenbar. Ich bezweifle, dass mir meine Arbeit in Stuttgart so viel Spaß machen würde. Die Städte könnten unterschiedlicher nicht sein: In Berlin fallen vom pompösen neuen Hauptbahnhof Stahlträger zu Boden, wenn es windet – in Stuttgart vergräbt man den Bahnhof lieber gleich mitsamt dem Geld, das er kostet. Nein, ich mache den Job hier nicht, um die Promis von der Berlinale zu fahren, ich hoffe nicht auf ein Treffen mit Regierungsvertretern. Viel lieber freue ich mich seit Jahren in der Nachtschicht auf Menschen, die es nur hier gibt oder die nur hier so sind, wie sie sind. Dazu zählen auch Touristen, die es sich in Berlin mal gut gehen lassen.

»Kenndsch ons zom Relaxa-Hodell fahra?«

»Das Relaxa? Stuttgarter Hof?«

»Woher woiß der jetzt, dass mir aus Stuergard senn?«

Gute Frage, liebe Freunde der Nacht! Da kamen sie zu sechst angetorkelt und machten der Eigenwerbung ihres Bundeslandes alle Ehre, indem sie vollständig auf Hochdeutsch verzichteten. Angetrunken und in einer größeren Gruppe erlauben es sich sogar Schwaben mal, im Feindesland Dialekt zu sprechen.

Kunden aus meiner alten Heimat hatte ich hier schon von Anfang an. Gleich in meiner ersten Woche als Taxler ist bei mir eine dauergewellte Frau Mitte Fünfzig eingestiegen, begeistert, euphorisch, erleichtert. Und sie sagte: »Ha! Endlich amoal a echder Berliner Daxifahrer! Sie kennet mir sicher a baar G'schichde aus ihreme Lääba erzähla!«

Das Missverständnis hielt freilich nur kurz. Für Smalltalk bin ich mit ausreichenden Hochdeutschkenntnissen ausgestattet, aber just die Nachbarn von früher bemerken schnell den einen oder anderen vertrauten Zungenschlag.

Bei den Partygängern, die zum Relaxa-Hotel wollten (das tatsächlich den Beinamen »Stuttgarter Hof« trägt), war das nicht so. Sie hielten sich erst seit zwei Tagen in Berlin auf und zeigten sich während unserer Fahrt durch Kreuzberg immer noch ziemlich erschlagen davon, wie viel mehr Großstadt über Stuttgart hinaus möglich ist. Der Alkohol war bei ihnen reichlich geflossen, und sie verbreiteten die absurdeste Unwahrheit über Berlin, die man nur von sich geben kann: dass hier alles gleich aussehen würde. Eine Aussage, die nur bedeuten konnte, dass sie die kurze Strecke vom Schlesischen Tor bis zum Moritzplatz bereits für eine Stadtdurchquerung hielten.

Berlin hat 96 Ortsteile und wir bewegten uns bislang innerhalb eines einzigen. Davon aufs gesamte Stadtgebiet zu schließen, war selbst für meine Landsleute ein wenig peinlich. Und arm an Peinlichkeiten erscheinen wir ja schon des Dialekts wegen nicht.

Darüber hinaus war es im Auto insgesamt ziemlich laut, bei so einer großen Gruppe auch kein Wunder. Ich hab für die Tour sogar die Zusatzsitze ausklappen müssen. Darüber beschweren wollte ich mich nicht, immerhin bedeuteten die fünfte und sechste Person je 1,50 Euro Zuschlag. So ist das mit den Großraumtaxen in Berlin geregelt: Wir sind immer zum Normalpreis unterwegs, nur die wirklich großen Gruppen zahlen einen Aufpreis. Eigentlich toll für die Kundschaft, wenn sie's denn glauben würde. Die Versuche von Einzelpersonen, mich zu überreden, ihnen einen inexistenten Großraumtarif zu erlassen, sind unzählig.

Nun aber transportierte ich sechs junge Männer, allesamt vielleicht gerade mal volljährig. Wie fast zu erwarten, musste ich Rede und Antwort stehen übers Rotlichtgewerbe in Berlin. Als ob ich bloß meines Berufs wegen irgendetwas Grundsätzliches über eine Szene sagen könnte, die mit Tausenden Menschen in Hunderten Etablissements auf 900 Quadratkilometern verteilt ist. Klar konnte ich ihnen erzählen, dass wir hier nicht den einen Strich haben. So manchen Preis hatte ich auch im Kopf, aber bei der Frage, ob »die Mädels au scharf« wären, musste ich passen.

Daran gewöhnt man sich als Taxifahrer einer Millionen-Metropole: Man wird viel gefragt, aber wissen kann man das längst nicht alles. Ich wurde schon nach den hygienischen Zuständen bestimmter Bordelle ausgequetscht, ebenso nach »einem günstigen Hotel, das mich auch jetzt um 5 Uhr noch reinlässt, damit ich noch drei Stunden pennen kann«. Man bat mich zu bewerten, ob dieser oder jener Imbissstand gut wäre oder ob das Essen im Adlon genießbar sei. Die Bettenqualität des Park Inn wollte ein Geschäftsmann dereinst von mir in Erfahrung bringen, einem jungen Touristen ging es stattdessen um die nächste Bezugsquelle von Koks – aber bitte möglichst wenig gestreckt. Meine Kunden würde es auch erfreuen, wenn ich den

Altersdurchschnitt der Besucher in bestimmten Clubs kennen würde, oder die Getränkepreise in allen Bars und grundsätzlich jeden Platz, wo genau das gespielt wird, was mir die Fahrgäste äußerst präzise als »gute Musik« beschreiben.

Der Sechsertruppe musste ich nun eine Absage erteilen, was sie nicht davon abhielt, mich gleich wieder herauszufordern: »Ond wo gibt's jetz' glei no den Billig-Döner für fuffzig Cent?«

Ja, gute Frage! Im Grunde überall und nirgends. Wenn einem Döner derart nachgeschmissen werden, dann selbst in Berlin nur im Rahmen irgendwelcher Sonder- und Neueröffnungsangebote. Also teilte ich dem bunten Haufen im Fond mit, dass sie besser mal mit 2,00 bis 2,50 Euro rechnen sollten.

»Boah, zwei Euro!? In Stuttgart zahlt man mindestens dreifuffzich!«

»Vierfuffzich! Ützel-Brützel kostet sogar vierfuffzich!«

Damit haben sie mich nicht wirklich geschockt. Ich kannte Stuttgart ja. Und zwar deutlich besser, als die Jungs ahnen konnten. Aber es hat mich gereizt, zu testen, wie sehr sie bei der Sache waren. Also hab ich sie gefragt, ob es denn den Pinar am Rotebühlplatz noch gäbe. Das war in Stuttgart zu meiner Zeit einer der bekanntesten und angeblich besten Dönerläden, und es hätte den sechs Stoffeln eigentlich auffallen müssen, dass hier etwas nicht stimmte: Ein Berliner Taxifahrer kennt einen Stuttgarter Imbiss inklusive Adresse. Ist ihnen aber nicht aufgefallen. Nur einer fragte nach einer Weile angestrengten Diskutierens, ob ich denn schon einmal dort gewesen wäre.

Was folgte, war ein eher rituelles Rumgegacker, wie toll das doch wäre, dass wir alle aus einer Stadt kämen, et cetera bla Keks. Zögerlich meldete sich einer aus der letzten Reihe, ein schmächtiger Junge mit gerade mal frisch sprießendem

Flaum auf der Oberlippe, und wollte nochmals etwas zum Thema Prostituierte wissen. Ich drehte mich mit gespielt ernstem Gesichtsausdruck um und sagte: »Nein, ich hab auch keine Ahnung, wo es in Stuttgart scharfe Mädels gibt!«

Waren die Stuttgarter allesamt furchtlos unterwegs, so merke ich doch immer wieder bei mitfahrenden Touristen, dass ich inzwischen ein anderes Bild von Berlin habe als viele von ihnen. Eines, das trotz Nachtschicht und potenziell gefährlichem Beruf nicht auf Ängsten fußt. Ständig werde ich gefragt, ob ich mich nicht fürchten würde und ob man diesen oder jenen Stadtteil eigentlich nach 20 Uhr überhaupt noch betreten könne. Und bei allen Böses verkündenden Zeitungsmeldungen kann ich als Zugewanderter inzwischen nur sagen: Eigentlich ist das alles wesentlich weniger schlimm als erwartet. Natürlich gibt es in einer Millionenstadt Konflikte, Kriminalität und Gewalt. Da reichen mir meine bescheidenen Mathematik- und meine etwas besser fundierten Menschenkenntnisse aus, um mir das auszumalen. Tatsächlich aber kommen auch hier in der Hauptstadt nach Einbruch der Dunkelheit nicht ausschließlich Psychopathen aus ihren Löchern gekrabbelt, sondern es sind überwiegend nette Leute unterwegs.

Noch einen Schritt der Erkenntnis weiter sind natürlich die Ureinwohner. Während der Biermeile – einem Fest, das nicht einmal mit seinem Namen verheimlicht, dass es dort nur ums Saufen geht – landeten mir Fahrgäste im Taxi, die sich mit ihrer ganz eigenen Realität längst versöhnt hatten. Eine Gruppe aus teilweise sicher bereits verrenteten Männern und Frauen, die Haarfarbe grau überwog, die sich, sobald sie den Mund aufmachten, als waschechte Berliner erwiesen:

»Bringense uns ma' in die Emser Straße nach Neukölln. Da, wo imma die Schießereien sind.«

»Schießereien?«, wurde besorgt von einem mitreisenden älteren Herrn gefragt. »Na logo!«, erwiderte eine Frau mit Dauerwelle und geblümtem Kostüm: »Derletzt ers' wieda. Der Klaus kann dir de Einschusslöcher am Laden gejenüber zeijen!«

Ich lauschte schon da mehr als gespannt, dann kam die ziemlich ängstliche Nachfrage, ob das denn nicht doch ein wenig hart wäre und man nicht Angst haben müsse, wenn man dort wohnt. Wir passierten gerade das Kottbusser Tor, auch nicht gerade ein Symbol für den friedlichen Teil Berlins, da kam ohne Umschweife folgende Antwort:
»I wo! Dit sin' ja nur die Gangs. Dit is' nu ja nur so untaananda. An uns Zivis trauen die sich nüscht, wa Klaus?«
»Nee, dit is', dit wär nur schwierig, wenn wa hier ins Drogenjeschäft einsteijen wollten, dann wär dit schwierig.«
Aber das hatten sie offenbar nicht vor. Vielleicht besser so.

Ein Schröööm auf der Durchreise

Die romantische Vorstellung vom Taxifahren lässt ein Phänomen immer aus: das teilweise stundenlange Warten auf Fahrgäste. Und so angenehm man sich die Zeit inzwischen machen kann, romantisch ist daran nicht viel. Man sitzt im Auto, sieht fern, klickt sich durchs Internet, liest oder hört Radio. Mit viel Glück kennt man einen Kollegen am Stand, der einem entweder vorjammert, wie schlecht, oder noch schlimmer: wie gut das Geschäft gerade läuft. Ich nenne manche von ihnen schon die Millionärs-Kollegen, da sie jeden Tag immer mindestens einen Zehner Umsatz mehr als alle machen, mit denen sie sprechen. Den Verdienst betreffende Angeberei ist auch unter Taxifahrern nicht ganz unbekannt. Aber trotz dieser teils unfreiwillig amüsanten Gespräche ist Warten immer wieder aufs Neue langweilig und frustrierend. An diesem Tag sollte ich ohne dieses öde Ritual auskommen.

Winker nennen wir sie in Berlin meistens, die Kunden unmittelbar am Straßenrand. In anderen Städten heißen sie manchmal anders, Anhalter beispielsweise.

Mit der Zeit lernt man als Taxifahrer ziemlich gut, neben dem Verkehr immer auch zumindest den rechten Fahrbahnrand im Blick zu behalten. Winker verhalten sich unterschiedlich auffällig, an so manch einem wäre ich fast vorbeigefahren. Diese Gruppe hingegen hatte zur besten Möglichkeit gegriffen, mich auf sie aufmerksam zu machen: Einige Gruppenmitglieder hatten schon einen Kollegen vor mir herangewunken und stiegen in dessen Auto ein. Der Rest signalisierte weiterhin Bedarf, also hielt ich an.

Zwei Leute sprangen umgehend auf meine Rückbank und begrüßten mich auf Englisch, ein junges Mädchen drückte sich mit gespielter Hartnäckigkeit auf der rechten Seite noch dazu, wodurch dem großen, aber hageren Kerl mit dem zerzausten halblangen Haar nur der unpraktische Platz in der Mitte der Rückbank blieb. Er protestierte nur halblaut, wahrscheinlich hatte er nicht wirklich etwas dagegen, dass sie sich an ihn drückte. Während sie ihn weiter theatralisch in die Seite knuffte, presste sie ein »Guten Abend« in meine Richtung, das ich direkt erwiderte.

Ein hektisch wirkender Typ, der die Beifahrertüre aufgerissen hatte, um mir ein paar englische Satzfragmente zuzurufen, rannte nun zum vorderen Taxi und stieg dort ein.

»Äh, können wir los?«, fragte ich vorsichtig.

»Nee, der Schrööm is' noch ums Eck, pinkeln!«

Das andere Taxi startete in diesem Moment und ich wandte mich mit einer weiteren Frage an die gesprächige junge Dame im Fond: »Wo soll es denn hingehen?«

»Folgen Sie einfach … ach, verdammt! Hat der Typ dir, äh, darf ich du sagen, nix gesagt?«

»Nee, der hatte es eilig, nach vorne zu kommen.«

»Na, dann halt Berghain.«

»Sicher?«

»Glaub schon.«

Nach ein paar trappelnden Schritten sprang ein motivierter junger Mann mit Wildlederjacke auf den Sitz neben mir und reichte mir die Hand: »Hi, I am Jérome.«

»Schrööm!« kreischte das Mädel von der Rückbank und ich lehnte seine Hand ab mit der Bemerkung, ich wisse, was er hinter der Hausmauer getan hätte. Der Schrööm nahm's mir nicht übel und so konnten wir gen Berghain starten.

Das Berghain ist ja ein in der Hauptsache mit Erwartungen überstrapazierter Club und erst in zweiter Linie eine gute Location zum Feiern. In meinem Taxi saßen schon Leute, die 5.000 Kilometer Anfahrt in Kauf genommen hatten, um den »besten Club der Welt« zu besuchen – und wurden dann nicht reingelassen. Aber selbst die, die erfolgreich die Tür passierten, hatten nicht immer Grund, sich zu freuen. Ein etwas weinerlicher Schweizer klagte mir eines Morgens sein Leid, weil er trotz aufmerksamer Beobachtung nicht einen Hauch von Geschlechtsverkehr auf der Toilette wahrnehmen konnte. Ein Umstand, der ihn am Erfolg seiner kompletten Berlin-Reise zweifeln ließ.

Und so ganz glatt sollte es mit der jetzigen Truppe auch nicht gehen. Ich manövrierte meinen Wagen in Richtung des Clubs, eine besonders aufwändige Aufgabe war das bei rund einem Kilometer Fahrweg nicht. Man bat mich, etwas Musik anzumachen. Nach kurzem Suchen blieben wir bei FluxFM hängen und die nun einsetzende Bewegung auf der Rückbank begann, das Taxi zum Schaukeln zu bringen. Ich hab gerne Party im Auto, es gibt keine bessere Voraussetzung, die Nacht über wachzubleiben und gutes Trinkgeld zu bekommen, als eine Gruppe gut gelaunter junger Leute, die es für unglaublich cool hält, wenn der Taxifahrer mal die Musik lauter dreht.

Im Gewerbegebiet rund ums Berghain passierten wir die wie üblich endlose Taxischlange, um dann vor dem Eingang neben dem Kollegen anzuhalten, der den Rest der Truppe hierher gekarrt hatte. Die allgemeine Stimmung verfinsterte sich, denn die Schlange der vor dem Club anstehenden Menschen stand jener der Taxen in Länge kaum nach. Eine Stunde Wartezeit mindestens, vielleicht anderthalb. Und all das für eine Fifty-fifty-Chance, reinzukommen. Ich habe nie verstanden, weshalb man sich so etwas antut. Und ja, potenzieller Sex auf der Toilette ist in dieser Überlegung schon mit eingeschlossen.

Es war etwas unklar, was jetzt folgen sollte. Die versammelte Bande rausschmeißen und um 5,60 Euro zu erleichtern, wäre die naheliegende Option gewesen. Den Gesichtsausdrücken nach war das hier jedoch noch lange nicht das Ende. Ich schaltete das Taxameter auf »Kasse«, wartete aber noch mit dem Kassieren. Notfalls könnte ich es nach einer kurzen Pause einfach weiterlaufen lassen.

»Hey!«, flüsterte der Schrööm mir zu, in geradezu liebenswerter Mischung aus jugendlicher Vorsicht und draufgängerischer Agentenpose.

»Hey, what do you think of her?«

Mein Blick folgte seiner dezenten Kopfbewegung. Natürlich ging es um das Mädchen, das zuvor auf dem Rücksitz gesessen hatte. Nun stand sie neben dem Auto, unterhielt sich mit all den anderen und sah zweifelsohne bezaubernd aus. Ein hübsches Gesicht, eine ansehnliche Figur, dazu war sie angenehm keck und lachte viel. Ich hatte sie auf Anhieb gemocht, denn trotz vorlautem Mundwerk war sie eher Teamspielerin, als eine sich in den Mittelpunkt drängende Person. Sie hatte es nicht nötig, sich aufzubrezeln, um von ihren Leuten in den Club mitgenommen zu werden – sie wählte lieber bequeme Jeans und suchte sich ihre Begleitung selbst aus.

Nun aber stand der Schrööm neben mir und wisperte mir ins Ohr: »Do you think she's underaged?«

Ach Gottchen! Fast schon niedlich. Der werte Draufgänger Jérome hatte an seiner jungen Mitreisenden Gefallen gefunden, sorgte sich aber zugleich. Seine Frage konnte ich nur schwer beantworten. Er hatte schon Recht, vielleicht war sie wirklich noch keine 18, doch woher sollte ich das wissen? Ich zuckte entsprechend ratlos mit den Schultern. Da lehnte er sich noch verschwörerischer zu mir herüber und meinte mit dem Anflug eines Grinsens: »Risky business, my friend, risky business.«

Das allgemeine Geschrei in der Gruppe war gleichbleibend laut. Man war sich noch nicht einig, ob eine lange

Schlange vor dem Club nun ein Grund wäre, wieder umzukehren, ob das überhaupt der richtige Club sei und überhaupt und sowieso. Einer der Jungs fragte mich dann wie aus dem Nichts nach einer Zigarette. Ihm und seinem plötzlich aufmerksam gewordenen besten Freund je eine spendiert zu haben, war von mir reine Freundlichkeit. Während wir zu dritt quarzenderweise am Auto standen, sicherte ich mir vor allem meine Kundschaft, indem ich mit ihr in Kontakt blieb. Denn hinter uns standen etwa 30 Taxifahrer in Lauerhaltung, auch wenn die kaum wirklich neidisch auf meinen tollen Fang waren – schon der Lautstärke wegen.

Aber siehe da: Die Diskussion verebbte langsam. Im Großen und Ganzen herrschte nun wohl doch Übereinstimmung, dass es in Richtung Hostel gehen sollte. Tanzen schön und gut, aber alles müsse man sich auch nicht antun dafür. Nur zur Tanke müsse es noch gehen, trinken könne man schließlich auch auf den Zimmern. Der Schrööm steckte sich eine Selbstgedrehte in den Mundwinkel, zündete sie an und bemerkte beiläufig, dass es ja wohl kein Problem wäre, wenn er im Wagen raucht. Er hat während meiner folgenden Ansprache überwiegend doof geguckt, am Ende hatte er das mit dem deutschen Nichtraucherschutzgesetz aber wohl kapiert: »Okay, I walk!«

Touris zu hüten kann manchmal sein, wie auf den sprichwörtlichen Sack Flöhe aufzupassen. Zwar hätte der Abtrünnige die Tanke durchaus in vielleicht zehn bis fünfzehn Minuten zu Fuß erreichen können; das aber wiederum war den anderen – auf einmal! – natürlich viel zu langsam. Also wurde der Schrööm aufwändig überredet, nun doch mitzukommen. Er rauchte mehr oder weniger gestresst zu Ende, während ich den Rest der Leute einlud und nebenbei das Taxameter wieder in Gang setzte. Ich hatte die Truppe zwar irgendwie lieb gewonnen, aber allzu viel unbezahlte Pause wäre meiner Statistik nicht zuträglich gewesen.

Die inzwischen fahrerlose andere Hälfte der Gruppe suchte sich am Stand einen neuen Taxifahrer. Ihre Wahl fiel auf einen türkischen Kollegen in meinem Alter, mit dem ich hier und da mal ein paar Worte gewechselt hatte. Er hielt kurz neben mir, während der Schrööm noch schnell zwei Züge nahm und fragte, ob wir uns an der Tanke sehen würden. In Anbetracht der Entscheidungsfreudigkeit der Truppe bat ich ihn, besser dort zu warten, bis ich auch da sei. Und so geschah es. Wahrscheinlich hätten wir uns ohnehin nicht verpasst, aber bei so einer Gruppe in zwei Autos weiß man nie. Der Weg zur Tankstelle war im Auto in zwei Minuten zurückgelegt und endete mit der nahezu zeitgleichen Einfahrt der beiden Taxen unter das grell beleuchtete Vordach zwischen den Zapfsäulen. Während unsere Fahrgäste dort begannen, eine Art Fest zu feiern, weil sie sich eben diese zwei Minuten nicht gesehen hatten, hielten auch der Kollege und ich ein Schwätzchen:

»Alter, wo haste denn die aufgegabelt?«

»Frag besser nicht. Und gib dem Typen mit der Wildlederjacke ja nicht die Hand, der war eben erst pinkeln!«

»Wo wollen die denn hin?«

»Wenn sie ihre Meinung nicht ändern, geht es wohl zum A&O-Hostel in der Lehrter.«

»Immerhin Lehrter. Ich dachte schon, hier ums Eck in die Köpenicker.«

»Nee nee, lohnt sich schon. Und eigentlich sind sie ja auch ganz lieb. Etwas laut, aber lieb …«

Der Schrööm kam in diesem Moment aus dem Laden der Tankstelle und fragte mich, ob es in Ordnung sei, wenn er beim Kollegen mitfährt. Uns war das im Grunde schnuppe. Außerdem beobachteten wir gerade gebannt, wie zwei der Helden zwischen unseren Autos erfolgreich Salti aus dem Stand schlugen. So kam es, dass der Schrööm – nun im Auto mit seiner Angebeteten unterwegs – nicht mehr mein Beifahrer war, sondern mit dem Kollegen ziemlich flott nach seinem Auftauchen verschwand. Ich wartete auf die Neubesetzung des letzten Platzes und staunte nicht schlecht, als aus der Türe jener Typ schritt, der mich schon vor zehn Minuten nicht wiedererkannt hatte. Und neben einer Pulle Whisky einen Kumpel an der Hand hatte. Bei all dem Durcheinander, den Kunstvorführungen und dem Alkoholeinkauf war untergegangen, dass nun im Auto des Kollegen ein Sitzplatz freigeblieben war. Während bei mir …

»Guys, you're lucky. Really!«, flötete ich. Wozu hatte ich meine Zusatzsitze zum Ausklappen. Das wusste der Rest der Bande natürlich nicht, zumal sich drei von denen bereits zusammengeknäult auf der Rückbank im Schlafen übten. Aber es half nix: Um an den einen zusätzlich benötigten Sitz zu kommen, musste ich den kompletten Fond wieder räumen. Wenn man nicht mit einem Rudel besoffener Engländer spricht, klappt die dazugehörige Erklärung auch ganz gut. In meinem Fall stiegen allerdings nur zwei Leute (in Zeitlupe) aus und einer drückte sich ganz an den Rand und fragte, ob es so ginge.

Natürlich nicht. Um an die Sitze zu kommen, muss die Bank als Ganzes umgeklappt und vorgeschoben werden. Nur kurz zwar, aber doch länger, als ein Mensch diese gefaltete Position überleben würde. Als ich mich endlich um die Sitze kümmern konnte, balgten sich vor der Türe bereits zwei meiner Jungs um den Whisky. Ich hätte gerne gewusst, ob die bei null Promille auch so stressig waren.

Auf den frisch angerichteten Sitz sprang ausgerechnet der lange Lulatsch mit der Brille. Die Brille selbst war jetzt nicht unbedingt eine Gefahr, seine Körperlänge hingegen sorgte dann dafür, dass im ganzen Auto kein Platz mehr war. Die Rückbank konnte nicht bis ganz nach hinten geschoben werden und hinter meinem Fahrersitz war nun so wenig Raum, dass auch ich eine der seltenen Ausnahmen machte und ihn vorschob. Um nun selbst in reichlich ungelenker Haltung breitbeinig das Lenkrad zu umhüllen, die Füße gerade noch so in akzeptabler Haltung zum Fahren.

Aber das ging dann wenigstens schnell. Als ich erst einmal alle Fahrgäste eingesammelt und die übliche Belehrung, wie teuer verschütteter Whisky im Auto sei, hinter mich gebracht hatte, sah ich zu, dass ich Land gewann. Was nachts selbst in Berlin recht gut funktioniert. Als ich am Hostel ankam, war der Kollege natürlich längst weg. Zeit ist Geld. Und mir konnte das auch recht sein, denn es bringt aus geschäftlicher Sicht nur wenig, mit einem unbesetzten Taxi einem unbesetzten Taxi hinterherzufahren. Und darauf wäre es am Ende wohl rausgelaufen, hätten wir das Hostel zeitgleich verlassen.

Von den vier Leuten waren nur noch zwei zu sehen: Der Schrööm und die junge Frau, die es ihm angetan hatte. Ich ließ die Leute aus meinem Auto, den Kandidaten in der letzten Sitzreihe musste ich sogar wecken. Den Fahrpreis von 24,50 Euro nahm ich passend vom Traumtänzer mit der Flasche entgegen, dann begann auch schon das Aufräumen. Erst den Zusatzsitz einklappen, die Kofferraummatte wieder ordentlich hinlegen und die Bank zurückschieben; dann einzelne Kippen aus dem Fußraum sammeln, die mit den Schuhen ins Auto getragen worden waren. Und während ich dabei den Gesängen der Whisky-Freunde lauschte, näherte sich mir jemand: der Schrööm, zuzüglich locker in seinem Arm liegender Begleitung. Er streckte die verbleibende freie Hand aus, in der sich ein Zwei-Euro-Stück befand. Ich nahm es an mich, vermied aber nach wie vor, seine Hand zu schütteln. »Nice to meet you and thanks for the ride!«, sagte er. Mehr nicht.

Ich hab nicht viel Zeit darauf verwendet, den beiden nachzusehen, wie sie ins Hostel gingen. Aber während ich noch etwas Straßenstaub mit der bloßen Hand unter die Fußmatten fegte, dachte ich: »Risky business, my friend, risky business.«

Was macht ein Taxi aus?

Das vielleicht fünf Jahre alte Mädchen stellte eine einfache Frage:
»Mami, was ist das Rote da im Spiegel?«
»Das ist der Preis, den wir bezahlen müssen.«
»Warum haben wir sowas nicht?«
»Weil wir nur ein normales Auto und kein Taxi haben.«
»Mami, was ist ein Taxi?«

Ja, was ist ein Taxi? Weiß doch jeder, möchte man meinen. Ich hab auch nie bewusst darüber nachgedacht, bis ich selbst auf dem Fahrersitz saß. Ebenfalls eher wenig nachgedacht hatte eine Gruppe, bestehend aus ungefähr zwölf Leuten, auf der Oranienburger Straße in Mitte. Alle offensichtlich gut angeheitert, störten sie sich kein bisschen daran, dass sie den Verkehr komplett lahmlegten, indem sie im engen Einbahnstraßenbereich kurz hinter dem Hackeschen Markt ein Taxi anhielten. Während dieses auf der Straße stand, begannen sie zu erörtern, wer mitfährt, wer das nächste Taxi nimmt usw. usf. Durch die schleichende NewYorkisierung des Berliner Verkehrs sind nachts ja beinahe nur noch Taxen unterwegs. Und Stretchlimousinen. Hinter dem angehaltenen Fahrzeug stauten sich neben zwei Privatwagen also bereits vier weitere Taxen. Das vierte war meines. Die Truppe von Feierwütigen begann sich nur sehr langsam zu verteilen, aber insbesondere die Taxifahrer warteten geduldig. Schließlich hätte ja für jeden von uns noch eine Tour dabei herausspringen können. Taxi Nummer eins wurde besetzt, der zweite Wagen auch. Zwei Autos vor mir öffnete einer der jungen Typen schon die

Tür des dritten Wagens, da wurde es plötzlich laut unter den Protagonisten:

»Steig ein!«

»Spinnst du?«

»Was denn? Jetzt steig ein!«

»Nein, Alter!«

»Warum nicht?« Ja, warum nicht?

»Das ist kein Taxi, Alter!«

Und das war die Wahrheit. Das Fehlen des obligatorischen Dachschildes war eigentlich Zeichen genug. Aber dank der weißen Lackierung wirkte es im fahlen Schein der Straßenbeleuchtung nicht sehr auffällig unter all den Droschken. Dabei ist einer der Vorteile der Farbe hellelfenbein, angeblich auch nachts gut erkennbar zu sein. Überhaupt: Erkennen kann man ein Taxi in Deutschland im Prinzip ganz gut. Es hat ein gelbes Schild auf dem Dach, ist meist in einer unsagbar hässlichen Farbe lackiert und beim Blick hinein sieht man irgendwo das Taxameter. Ist das alles?

Fast. Im Allgemeinen handelt es sich bei Taxis um normale Pkws, dennoch müssen sie gewisse Auflagen erfüllen. Da sie Teil des öffentlichen Personennahverkehrs sind, hat der Staat bei der Ausstattung einiges mitzureden. Das beleuchtbare Dachschild ist (inklusive gewisser Maße und der Ausrichtung quer zur Fahrtrichtung!) ebenso gesetzlich vorgeschrieben wie der Einbau eines jährlich frisch zu eichenden Taxameters. Auch die Farbe ist gemäß Gesetz nicht frei wählbar. Paragraf 26 der BOKraft sagt im Wortlaut unter 1.1, dass Taxen wie folgt kenntlich gemacht sein müssen:

»... durch einen hell-elfenbein-farbigen Anstrich; als Farbton ist zu wählen RAL 1015 des Farbtonregisters RAL 840 HR des Ausschusses für Lieferbedingungen und Gütesicherung (RAL) beim Deutschen Normenausschuß.«

Das meinen die ernst. Dass es in einigen Gegenden inzwischen wieder verschiedenfarbige Taxis gibt, liegt daran, dass manche Bundesländer durch eine großzügige Handhabung bei Ausnahmegenehmigungen quasi eine freie Farbwahl erlauben.

Wiederum total verbindlich ist die Installation einer Alarmanlage. Von der kriegt man als den Taxifahrern wohlgesonnener Kunde in der Regel nichts mit, es ist aber Tatsache, dass ausnahmslos jedes Taxi in Deutschland einen ziemlichen Radau veranstalten kann. Natürlich normierten Radau. Auch hier gibt die BOKraft, dieses Mal in Paragraf 25, vor, wie man sich das vorzustellen hat: »Die Alarmanlage muß die Hupe zum Tönen in Intervallen und die Scheinwerfer sowie die hinteren Fahrtrichtungsanzeiger zum Blinken bringen.«

Als Taxifahrer weiß man vor allem: Es ist laut, hell und nervig. Und man muss aussteigen, um dieses infernalische Getute wieder auszuschalten. Was im Falle eines Überfalles vielleicht noch sinnvoll ist, wird dann blöd, wenn man als Anfänger versehentlich den Knopf drückt. Der Ausschalter befindet sich nämlich je nach Fahrzeugmodell an ganz unterschiedlichen und ziemlich gut versteckten Orten wie etwa im Kofferraum oder unter der Motorhaube.

Und wenn wir schon bei rechtlichen Vorgaben sind: Hatte irgendwer je Zweifel daran, dass auch das Fehlen von Ferrari- und Lamborghini-Taxen in Deutschland der gesetzlichen Regulierung zu verdanken ist?

Oft haben bestimmte Firmen besondere Autos als Taxis eingesetzt. So kursieren im Internet zahlreiche Bilder von Porsche-911er-Taxis, ebenso haben sich die Marketingstrategen von Mercedes-Benz vor einiger Zeit ins Gespräch gebracht, indem sie einen Actros-Lkw in hellelfenbein lackierten und diesen stilecht mit Taxischild zu bestellenden Kunden geschickt haben. In einer dieser Nonsens-Dokutainment-Shows wurde auch mal ein Traktor zum Taxi umgerüstet. All diesen Fahrzeugen ist jedoch eines gemein: Sie würden hierzulande keine reguläre Zulassung als Taxi bekommen. Das Problem ist dabei nicht etwa, dass ein Ferrari zu schnell, ein Traktor zu langsam oder ein Actros zu hoch wäre. Dafür gibt es erstaunlicherweise keine Vorschriften. Nein, als Taxi darf man in Deutschland nur ein Fahrzeug betreiben, das mindestens zwei Türen auf der rechten Seite besitzt.

Vermutlich will man mittels dieser Vorschrift sicherstellen, dass in jedes Taxi vier Leute passen und diese auch bequem zusteigen können. Wurde wahrscheinlich vom gleichen Genie eingeführt, das für die Bemessung von Hemdgrößen nach dem Kragenumfang verantwortlich zeichnet.

Keinerlei Vorschriften gibt es für die Automarke, auch wenn den meisten bei einem Taxi sogleich die E-Klasse von Mercedes-Benz in den Sinn kommt. Die Wahl des Autos ist eine der wenigen unternehmerischen Freiheiten, die Taxibetrieben bleibt. Dass sich der »Daimler« jahrzehntelang quasi eine Monopolstellung gesichert hatte, lag vor allem an seiner Ausdauer. Und Ausdauer macht im Taxigewerbe konkurrenzfähig, viel eher als ein niedriger Anschaffungspreis. 20.000 Euro Mehrkosten egalisieren sich irgendwann, wenn man dafür ein Auto sein Eigen nennt, das auch nach einer halben Million Kilometer nicht Dauergast in einer Werkstatt ist.

Doch inzwischen bröckelt die Vormachtstellung von Mercedes spürbar. Ich selbst fahre seit Jahren Opel Zafira, ein in Berlin recht häufiges Taxi, das durchaus seine Qualitäten hat und deswegen auch seine Kundschaft findet. Das eine oder andere Mal wird mein Auto am Taxistand zwar zugunsten einer E-Klasse links liegen gelassen; einige Kunden meckerten deswegen sogar schon. Auf der anderen

Seite habe ich Fahrgäste, deren Gepäck nicht in einen Limousinenkofferraum passen würde oder die aus Altersgründen den höheren Einstieg bevorzugen.

Ein Kunde, den ich schon mehrfach im Auto hatte, weil er regelmäßig an einem meiner Lieblingshalteplätze einsteigt, hat das bei der ersten Fahrt schön auf den Punkt gebracht. Ich war damals noch neu und dementsprechend unsicher, es war vielleicht meine zweite Woche als Angehöriger des Gewerbes. Da stand er plötzlich vor mir, ein eher streng dreinblickender Geschäftsmann mit Anzug und Aktenkoffer in der Hand. Er wollte bis ans andere Ende der Stadt, die bis zu diesem Tag längste Fahrt überhaupt für mich. Ungerührt die Zeitung lesend saß er schweigend im Fond, und für mich war nicht ersichtlich, ob er sich über irgendetwas ärgerte oder nur seine Ruhe wollte. Mit ziemlich unsicherer Stimme habe ich bei der Preisansage eine Entschuldigung gestammelt. Ein Teil der Strecke führte nämlich über höllisch nerviges Kopfsteinpflaster – die Federung ist tatsächlich eine der Schwächen meines Autos. Ich entschuldigte mich also dafür, dass ich ihm nicht ganz den Komfort eines Mercedes bieten konnte. Da blickte er mich mit hochgezogenen Augenbrauen über den Rand seiner Brille hinweg an und meinte sachlich und weiterhin ohne erkennbare Gefühlsregung: »Junger Mann, man braucht nicht immer und überall einen Mercedes.« Nun, so ist es wohl.

Taxis hingegen braucht man für alle möglichen Zwecke. Viele davon sind Mercedes-Limousinen, ebenso sind viele hellelfenbeinfarben. Zweifelsfrei identifiziert werden können wir jedoch über das gelbe Dachschild mit der Aufschrift »Taxi«. Das zu tragen sind wirklich nur die echten Taxen befugt, und auch nur im Dienst. Sobald es leuchtet, sucht der Fahrer Kundschaft. Dazu mehr in einem späteren Kapitel.

Das Geheimnis der Taxileuchte

Da mir schon hundertfach Leute vors Taxi gesprungen sind, obwohl ich besetzt unterwegs war, glaube ich, es ist eine Notwendigkeit, grundsätzlich über die Dachleuchte (von uns Fahrern je nach Sprachgebrauch auch Fackel, Vogel o.ä. genannt) aufzuklären. Folgende Betriebsmodi gilt es zu unterscheiden:

Die Leuchte leuchtet:
Das Taxi ist frei, der Fahrer sucht nach Kunden.

Die Leuchte leuchtet nicht:
Das Taxi ist nicht frei. Auch wenn kein Kunde drin sitzt. Der Fahrer macht vielleicht Feierabend oder fährt zu einem Kunden, der ihn bestellt hat.

Die Leuchte blinkt (eventuell blinken auch nur kleine rote LEDs):
Das ist ein so genannter stiller Alarm. In dem Fall sollte man die Polizei rufen und nach Möglichkeit sagen, wohin das Taxi fährt.

Es ist keine Leuchte vorhanden:
Es ist kein Taxi.

Abgesehen von irgendwelchen Bedienungsfehlern der Fahrer ist das das ganze Geheimnis. Und ich wäre wirklich froh, wenn das mehr Menschen wüssten.

Hans Baecker

Als Taxler erliegt man nach ein oder zwei außergewöhnlichen Fahrten schnell dem Irrglauben, man habe bereits alles gesehen. Das hat man nie. Auch der 1001. Fahrgast ist noch für Überraschungen gut, ganz gleich, wie aufregend die ersten 1000 Fahrten waren. Hans Baecker war unter meinen Fahrgästen eher die Nummer 5423. Vielleicht auch die 7422, keine Ahnung.

Die Geschichte begann etwa gegen 4.00 Uhr. Der Abend war bis dahin nicht sonderlich großzügig zu mir gewesen. Ich benötigte von 19.15 Uhr bis 2.30 Uhr, um auch nur einen einzelnen Hunderter Umsatz einzufahren. Danach ging es zum Glück etwas flotter voran. Als ich kurz vor Ende der vierten Stunde dieses jungen Sonntags am Frankfurter Tor an die rote Ampel heranrollte, hatte ich fast 140 Euro auf der Uhr. Ich sah immerhin gewisse Chancen, meine erwünschten zwei Hunnis noch zu schaffen.

Der CD-Player gab gerade »Die Speicherstadt« von Thomas D. zum wiederholten Male zum Besten und mit diesem Beat, der mich zuverlässig in müden Momenten durch die Stadt trieb, muss ich wohl die Aufmerksamkeit von Hans Baecker auf mich gezogen haben. Er überlegte noch einen kurzen Moment, dann wackelte er behände und mit breiten Beinen auf mein Auto zu. Ich drehte die Musik schnell nach unten, ein Gebot meiner Professionalität. Denn obwohl er mich ohne sie nicht wahrgenommen hätte, wirkte Hans Baecker nicht wie ein Liebhaber dieses Sounds. Dazu war er vor allem schon zu alt.

Er blickte hastig hin und her, und wegen seiner gebeugten Gehweise konnte er dabei kaum bis über die Fensterlinie meines Autos sehen – selbst aufrecht maß der Mann höchstens 1,60 Meter. Er klammerte sich an seiner hellbraunen Leinentasche fest und fragte mich, ob ich ihn zum Markgrafendamm bringen könnte. Na klar, warum nicht?

Hans Baeckers Alter sah man ihm deutlich an. Sein Gesicht war vernarbt, mit seinem gebeugten Gang strahlte er ein wenig den Charme eines Landstreichers aus und so ähnlich roch er auch. Nicht eben angenehm, aber immerhin noch erträglich.

»Wo kommen Sie denn um diese Uhrzeit her?«

»Icke? Na vonne Arbeit! Bei de BSR!«

»Jetzt? Da haben sie aber auch eine ganz miese Schicht!«

»Hör uff! Ick wär längst in'n Bett, aber meine Tochter hat mir anjerufen. Die hat – wejen ihren Kerl da – da hat die Probleme und nu sollte ick nach der Arbeit da mal vorbeikomm' …«

»Und sie wohnt am Markgrafendamm?«

»Ja nee, da wohnt eijentlich er. Det is det Haus mit den Hotel. Kennste?«

»Nein, sorry. Wie heißt es denn?«

»Ach, wenn ick det noch wüsste. Is ejal, ick kenn det ja! Fahr mir mal dahin!«

Der Verkehr um die Zeit war wie immer überschaubar, wir konnten ziemlich flott Land gewinnen. Hans grübelte ein wenig vor sich hin und machte sich Gedanken: »Und jetzt hat die da Probleme. Sacht se. Ick weeß nich, wat jenau. Nich jetz so hier mit det Sexuelle. Det wär ja noch schöner. Nee, aber irjendwat is da in'n Busch!«

Unsere Fahrt dauerte keine fünf Minuten. Auf der Warschauer Straße hatte ich grüne Welle und das Hotel sollte unweit der Elsenbrücke liegen – dem Durchpfeifen auf der Stralauer stand also auch nichts entgegen. Am Ziel

angekommen, war er sich doch nicht mehr so sicher, welches Haus es eigentlich genau war. Er entschied sich am Ende sogar gegens Aussteigen:
»Ick bin doch nich mehr der Jüngste und ick komm vonne Arbeit. Det is mir jetz schnuppe. Ick ruf der an, dass ick länger jeschichtet hab und dit nich mehr jeklappt hat. Dit is ja ooch keene Uhrzeit. Bring mir mal nach Prenzlauer Berg inne Kanzowstraße 8.«
»Wo liegt die genau?«
»Det is nahe bei die Stargarder.«
»Okay, wie Sie wollen.«

Auch wenn er mich duzte und so vor sich hin berlinerte: Hans Baecker war ein liebenswerter alter Kauz, die Art von Urberliner, die man nur noch selten findet. Kaum dass ich den Weg nach Prenzl'berg einschlug, wurde er jedoch unruhig:
»Sach ma, wat meinste, kost'n ditte?«
»Schätze mal, knapp über 20 Euro.«
»Ach Mensch, dit is blöde! Ick hab nur noch 18 Euro bei – schmeiß mir einfach raus, wenn det Jeld alle is!«

Ich hatte Mitleid mit dem alten buckligen Herrn und sagte ihm, dass ich wegen ein paar nicht honorierten Metern am Ende sicher keinen Streit vom Zaun brechen würde. Gegen den Gedanken allerdings sträubte er sich, denn er wollte auf gar keinen Fall, dass ich meine Arbeit ohne Bezahlung mache. Darauf achtete ich gemeinhin auch kleinlichst, aber hier sprach alles für eine regelbestätigende Ausnahme. Die Häuser zogen recht schnell an uns vorbei und Hans nestelte in seinem Portemonnaie herum. Seine Hände zitterten mehr und mehr und irgendwann sah er mich zerknirscht an und meinte:
»Det gloob ick ja nich! Det tut mir sowas von leid, aber ick hab dit Jeld wohl doch nich mehr. Willste mir hier rausschmeißen?«

Mir stellten sich daraufhin zwar die Nackenhaare auf, aber da ich inzwischen schon rund zwölf Euro auf der Uhr hatte, wollte ich auch nicht kampflos aufgeben. Zum einen war es die allerbeste Zeit der Woche – da fährt man nicht mal eben eine halbe Stunde umsonst durch die Gegend – zum anderen wäre ja auch dem alten Mann nicht sonderlich geholfen gewesen, wenn ich ihn mitten im Wohngebiet, fünf Kilometer von seiner Behausung entfernt, absetzen würde. Also galt es, Alternativen zu finden:

»Wollen wir vielleicht an einer Bank halten, wo Sie Geld holen können?«

»Ja klar! Mensch natürlich! Det machen wir!«

Die Sparkasse war das Geldinstitut der Wahl. Da lagen einige auf dem Weg – oder zumindest recht nahe. Ich schlug die am Bersarinplatz vor, er meinte, es gäbe unweit seiner Wohnung, direkt an der Ecke Stargarder/Prenzlauer, auch eine. Damit schien die Sache erst einmal in trockenen Tüchern zu sein. Dachte ich …

Die nächsten zehn Minuten glichen stattdessen einer beachtlichen Gefühlsachterbahn. Zunächst entdeckte das immer fahriger werdende Männchen zu meiner Rechten, dass die Bankkarte nicht da war. Ich wurde nun gebeten, an der S-Bahn zu halten und ihn rauszuschmeißen. Er war ihm mehr als peinlich, dieser ganze Heckmeck:

»Det is mir ja noch nie passiert. Du denkst sicher, ick will dir übers Ohr hauen, wa? Ick bin aber auch ein Idiot! Gloob ick ja nich!«

Bei ihm regte sich Scham über die Vergesslichkeit im Alter und zusätzlich Hoffnungslosigkeit. Den Gefallen, ihn an der S-Bahn rauszulassen, wollte ich Hans Baecker fast schon gewähren. Mit Blick auf meinen Geldbeutel schien es mir langsam an der Zeit, diesen mittellosen Spinner loszuwerden. Es war nach wie vor viel auf der Straße los, ich hätte die Möglichkeit gehabt, mein Geld sicherer zu verdienen. Aber jetzt waren wir sogar schon über die 15 Euro rüber, das hätte mir finanziell eben doch wehgetan. Hans betonte mehrmals, dass er mich unbedingt bezahlen wollte, nur gerade nicht wüsste, wie wir das anstellen könnten. An der S-Bahn fragte ich ihn erneut, wo denn seine Bankkarte sei.

»Na, die is zu Hause!«

»Dann könnten wir da doch kurz halten, wenn die Sparkasse gleich um die Ecke ist, oder?«

»Wat? Du bis ja … dass ick da nich alleene druff jekomm' bin! Logo!«

Er strahlte plötzlich wieder vor Zuversicht und auch wenn mir bewusst war, dass das jetzt der am härtesten verdiente Zwanziger seit Wochen werden würde, teilte ich dieses Gefühl. Natürlich könnte auch ich mal mit meiner Menschenkenntnis danebenliegen, aber der Alte war so herzerfrischend ehrlich – ich war mir einfach sicher, dass er mich nicht übers Ohr hauen wollte. Er zeigte mir seine verschmierten Finger und sagte:

»Du musst doch ooch dein Jeld verdien'. Kenn ick doch! Bin doch bei de BSR, weeß ja, wie dit is!«

Ungefähr bei 20 Euro auf dem Taxameter stellte Hans Baecker dann fest, dass er seinen Schlüssel ebenfalls nicht finden konnte.

Das Taxameter stand bei der Ankunft vor seinem Haus mittlerweile bei fast 25 Euro. Eine schöne Tour für mich, wenn man es so sehen wollte. Hans indes hatte schon wieder vertüddelt, was das eigentliche Problem genau war und meinte, ich solle ihn doch hier am Ostkreuz gleich rauslassen. Aber er hatte sich schnell wieder gefangen. Er sah aus dem Fenster, die Hausnummer 8 leuchtete uns entgegen und er strahlte mich an: »Hier wohn' wir seit 17 Jahren!«

Inzwischen hatte sich nämlich auch das Problem mit dem fehlenden Schlüssel geklärt. Gefunden hatte er ihn zwar nach wie vor nicht, aber seine Frau wäre natürlich zu Hause. Na Gott sei Dank! Mir sollten die Verzögerungen nun nur recht sein, denn das Taxameter ratterte unaufhörlich weiter. Klar, vielleicht hätte ich irgendwo ein bisschen mehr als die 25 Euro pro Stunde (die es laut Berliner Taxitarif für die Wartezeit gibt) bekommen können, aber wie sagt man so schön? Lieber den Spatz in der Hand …

Das Geld, das Hans mir nun schuldete, sollte allerdings weiterhin eher die Taube auf dem Dach bleiben. Er stiefelte zum Hauseingang und beäugte die Klingel aus etwa fünf Zentimetern Distanz. Lesen könne er das nicht wirklich, außerdem hätte die Hausverwaltung ja letzte Woche erst neue Klingelschilder angebracht. Und wer klingelte schon bei sich selbst? Also musste der Taxifahrer ran. Zweites Obergeschoss, bei Baecker. Mit ae!

Nun fand sich auf der Klingel allerdings kein Baecker. Auch kein Bäcker, Becker, Beker oder ein ähnlicher Name. Ich fragte ihn, ob seine Frau vielleicht einen anderen Nachnamen hätte:

»Ach Unsinn! Wir sin seit 20 Jahrn verheiratet! Dit is hier wejen de blöde neue Klingel, verdammt! Sowat hatten se sicher auch noch nie, oder? Ich Idiot!«

»Nein, hier am zweiten OG stehen nur Tinto, Merrakuh …«

»Merrakuh! Dit is mein Nachbar! Soll ick da mal klingeln?«

»Nein! Um Gottes willen! Es ist 4.30 Uhr!«

So langsam beschlich mich eine Ahnung. Aber da hatte er bereits festgestellt, dass die Haustüre offen war. Hans Baecker – mit ae! – stürmte unerwartet geschwind die zwei Treppen empor und begann ungeachtet der Uhrzeit Sturm zu klingeln. Ich folgte ihm, inzwischen eher missmutig und ihn beschwichtigend, dann empfahl ich ihm – nachdem die

Türe verschlossen blieb – doch einfach mal die Polizei zu holen.
»Wat, wieso dit denn?«
»Na, Sie kommen hier ja offensichtlich nicht rein …«
»Ach, meine Frau! Die hat immer so panische Angst, wennse alleene is … SUSANNE!!! MACH UFF!!! ICK BIN'S!«

Inzwischen hatte ich eine ganz andere Vermutung. Ich rang ein wenig mit mir, aber nach einigen Minuten kam Hans wieder herunter, zitterte und keuchte sich über den Bordstein, hielt sich an einem der parkenden Autos fest und stammelte: »Ick, ick, det is zuviel. Ick krieg hier gleich 'ne Herzattacke!«

Das reichte mir als Vorwand. Ich bat den alten Mann in mein Auto, stellte ihm die etwas andauernde Aufgabe, ganz in Ruhe nochmal seine Tasche nach dem Schlüssel zu durchsuchen und wählte die 110. Ich berichtete der Stimme am anderen Ende, dass ich hier – Kanzowstraße 8 – einen eventuell verwirrten, zumindest aber hilflosen Passagier hätte, der möglichweise unter Herzproblemen litt. Sie sagten mir Unterstützung zu und ich begann zu warten. Inzwischen klingelte Herr Baecker noch einmal Sturm, durchsuchte seine Taschen, verzweifelte mehr und mehr, zitterte am ganzen Körper, nur weitergekommen war er natürlich nicht.

Kurz darauf – nach viel längerer Wartezeit, als mir lieb war – erleuchtete Blaulicht die ganze Straße. Zwei Sanitäter rückten mit dem RTW an, nur mäßig motiviert. Ich klärte mit den beiden kurz die Situation, wir gingen dann alle hinauf, um uns des Mannes anzunehmen, der abermals an seiner vermeintlichen Wohnungstür um fünf Uhr morgens läutete.

So optimistisch ich bisher auch gewesen war: Die Uhr hatte ich kurz nach dem Notruf ausgemacht, mein Geld hatte ich abgeschrieben. Fortan galt es nur noch, Herrn Baecker heil nach Hause zu bringen. Wo immer das sein mochte.

Für die Sanis war es jedoch einfach ein neuer Fall. Ich bin zackige Ansagen von ihnen gewohnt. Schließlich haben sie noch öfter als ich mit renitentem oder sonst irgendwie schwierigem Publikum zu tun. Da braucht es manchmal klare Worte. Der hier Diensthabende teilte Herrn Baecker meiner Meinung nach allerdings etwas zu deutlich mit, dass er ihn für bekloppt hält. Er hätte z.B. in dessen Beisein sich nicht bei seinem Kollegen mit den Worten beklagen müssen: »Hab ich doch gesagt: Alles südlich der Bornholmer ist scheiße!«

Zumal Hans Baecker nach wie vor ein Vorzeigepatient war und allen Anweisungen geduldig Folge leistete. Es kam, wie es kommen musste: Auch die Sanis stellten fest, dass an der Wohnung nicht der Name Baecker stand. Mich hat es ein wenig verwundert, dass ich sie auf die Idee bringen musste, dass der arme Tropf offenbar aus einem Heim abgehauen war und hier vielleicht früher mal gewohnt hat. Allzu aufwändig schien dieser Gedankensprung nach all dem ja nicht mehr.

Recht schnell war aber klar: Die Cops müssen her! Der unsympathische Sanitäter durchforstete zwar schnell die Tasche meines Kunden und fand dort ein Schreiben einer Krankenkasse, das für Herrn Baecker, Hans, eine andere Anschrift auswies, aber eine Bestätigung fehlte noch.

Der kleine Mann wurde in seinem Interesse mehr oder minder gezwungen, auf einer Fensterbank zu verharren und Ruhe zu bewahren, bis die Polizei anrückte. Einmal mehr flutete das zuckende Blaulicht die kleine Straße, abermals zogen Nachbarn die Vorhänge zu.

Zwei Beamte sprangen aus dem Wagen und eilten auf den Rettungswagen zu. Wir am Straßenrand lotsten sie zu uns und gaben ihnen unsere Vermutung weiter. Keine Minute später krächzte das Funkgerät der jungen Polizistin ein paar Daten zu Baecker, Hans. Inklusive seiner Adresse – irgendwo in Friedrichshain.

In meinen Augen war es zwar nur die Bestätigung des Offensichtlichen – alle anderen nahmen scheinbar überrascht zur Kenntnis, dass es sich um ein Heim handelte …

Solange es nicht um seine aktuelle Situation ging, konnte Hans Baecker sogar ausschweifend über das Heim erzählen: »Ich war da ja nur übergangsweise. Das is' doch, weil meine Frau war ja im Krankenhaus. Aber das' ja schon lange her, ne? Nu klingel' doch mal einer! Die hat doch nur Angst, weil et mitten inner Nacht is'!«

Die Polizistin forderte die Personendaten der Frau an, wandte sich kurz darauf aber ab. Nicht ohne Grund, wie alle außer Hans Baecker wussten: »Gar nichts? Hatte ich befürchtet. Prüf' bitte auch mal die Sterbedaten!«

Die Stimmung auf dem Gehweg war angespannt. Außer bei dem alten Herrn. Der versuchte inzwischen abermals, sein blaues Schlüsselband mit dem Schlüssel zur Wohnung zu finden.. Wenngleich eigentlich recht leise und gefasst ausgesprochen, zerschnitt die Stimme der jungen Beamtin am Funkgerät die Nacht: »Aha, 27.6.2008. Verstehe. Danke.«

Alle Blicke richteten sich auf Herrn Baecker, der immer noch verzweifelt mit seiner Tasche kämpfte. Dass die Beamten und die Sanis ihm erklären wollten, seine Frau sei seit mehreren Jahren tot, hat Hans nicht mitbekommen, oder nicht wahrhaben wollen. Er dementierte lautstark und fragte aggressiv in die Runde, ob man ihn für blöd verkaufen wolle.

Während der Sympathiebolzen von Sani stöhnte, dass es »damit wohl doch eine Fahrt für uns« sei, blickte mich die unpassend überschminkte Beamtin an und fragte, was der gute Mann mir denn schulden würde. Ich antwortete wahrheitsgemäß »rund 35 Euro«, was bei ihr eine gewisse Bestürzung hervorrief. Sie schien zu wissen, dass das in meinem Universum eine Menge Geld ist. Am Ende legte sie mir das eigentlich Undenkbare nahe, nämlich dass ich gegen Hans Baecker Strafanzeige erstatte. Und ich habe es getan.

In der Hoffnung, dass er eine Betreuung hat, die sich darum kümmert; in der Hoffnung, ihm damit eher zu helfen als zu schaden, indem das jemanden wachrüttelt. Bezüglich des Geldes machte mir niemand Hoffnungen, und die Polizistin ließ am Ende ohnehin nur verlauten: »Na ja, es war ja schon mal sehr nett, dass Sie überhaupt angerufen haben …«

Bevor ich heimfuhr, wendete ich zwei Sekunden Zeit auf, um wenigstens das Allerallernötigste zu tun: Herrn Hans Baecker alles Gute zu wünschen. Und ich habe die Befürchtung, dass das an diesem Abend außer mir keiner getan hat. Leider.

Pärchen

Meine beiden Fahrgäste mussten ein hervorragendes und ausuferndes Sexualleben haben, dessen war ich mir binnen einer Minute sicher. Denn ich konnte mir keinen vernünftigen Grund vorstellen, weshalb die beiden sonst in Paarformation meine Rückbank bevölkerten.

Er war ein eher schüchterner Typ Mitte zwanzig. Die Kragenspitzen des etwas zerknautschten Karohemdes standen in unterschiedliche Richtungen ab, sein Gesicht war eingebettet in Hornbrille und Einwochenbart.

Sie hingegen hatte das Level Barbie+ erreicht. Ihre Gesichtszüge verschwanden völlig unter verschieden funktionalen Deckschichten, klassischer Fall von »einmal alles zum Mitnehmen« bei Douglas. Sie versuchte, eine Frau von Welt darzustellen und fiel eigentlich doch nur durch die Laienhaftigkeit ihres Schauspiels auf.

Zu mir waren sie beide nett. Er begann gleich zu Beginn ein Gespräch mit den üblichen Allgemeinplätzen: Wie es mir gehe, was das Geschäft mache, ob ich noch lange arbeiten müsse. Ich antwortete gut gelaunt, fragte zurück und daraufhin ließ er dieses oder jenes fallen: Ach ja, Arbeit so lala, ansonsten alles gut, blabla. Smalltalk, Lektion eins. Wäre da nicht sie gewesen: »Halt mal die Klappe, Schatz, das interessiert doch keinen!«

Das stimmte keineswegs. Wir beiden Männer versuchten ein einfaches Gespräch. Nichts Tiefgreifendes, ein bisschen Geplauder zur Überbrückung der Fahrtzeit. Etwas, das ich mit rund 95 Prozent der Kundschaft ganz gut hinbekomme. Aber wenn die Holde meines jetzigen Fahrgasts sich einmischte, war das stets das Ende der Unterhaltung.

»Naja, ich hatte da neulich mal einen Kunden, der …«

»Boah, kannst du mal ruhig sein und dich nicht mit deinem langweiligen Quatsch wichtigmachen!? Glaubst du, das interessiert den Taxifahrer oder mich?«

Dass ich mich mit ihrem Lover prächtig verstand, ignorierte sie einfach. Selbst bei der Verabschiedung fiel sie ihm ins Wort und schnauzte ihn an, er solle sich doch nicht immer so festquatschen. Dabei hatte er nur gesagt, dass es ihn gefreut hätte. Ich nahm das magere Trinkgeld an mich und wünschte den beiden still und heimlich, dass sie zu Hause nicht so viel reden müssen wie im Taxi. Danach hab ich mir erst einmal eine Pause am Bahnhof gegönnt.

Wo kämen wir hin, wenn sich die Fahrgäste nicht mehr mit Taxifahrern unterhalten dürften? Wir sind keine Paketlieferanten, unser Job ist der Umgang mit Menschen. »Fahren können«, das sagte mein Chef mir im ersten Gespräch, »setzen wir natürlich voraus. Viel wichtiger aber ist es, den Menschen zu zeigen, dass es das wert ist, jetzt zehn Euro mehr auszugeben als für die S-Bahn.«

Wie sollte das besser gehen als durch den Austausch freundlicher Sätze? Sicher: Manche quasseln mehr, andere weniger – aber die wenigsten gar nicht. Die Menschen erzählen uns ihr Leben, weinen sich aus, teilen aber auch ihre Freude mit uns Kutschern. Das ist das Gute am Job, das macht ihn aus. Es sei denn, irgendwer proletet dazwischen, dass das nicht in Ordnung sei.

Vom hellen Licht der Bahnhofshalle etwas überstrahlt wünschte prompt ein weiteres Pärchen meine Dienste in Anspruch zu nehmen. Während der junge Mann im Anzug noch schnell ein paar Züge von seiner hastig angezündeten

Zigarette nahm, kippte mir die blonde Frau bereits mit beachtlichem Schwung ins Auto.
»Naaa-ause!«, flötete sie aus dem Hintergrund. Als er dann endlich auch im Auto saß, herrschte erst einmal Stille. »Naaa-ause!«, artikulierte sie noch einmal. Daraufhin mischte er sich ein: »Sagen Sie mal, hat sie Ihnen wirklich nur nach Hause als Ziel genannt?«

Die Spielregeln waren damit schon mal geklärt: Ich war der mit dem Durch-, die Kunden die mit dem glasigen Blick. Nun galt es aber, möglichst gemeinsam an ein noch zu definierendes Ziel zu gelangen. Hat nach den ersten Anlaufschwierigkeiten auch hervorragend geklappt, sie ließen sich eine eindeutige Adresse entlocken – und das ist ja quasi schon die halbe Miete. Womit wir die ersten zwei Minuten Fahrt verbrachten, lässt sich im Nachhinein schwer rekonstruieren. Hellhörig wurde ich – wahrscheinlich, weil meine eigene Hochzeit damals kurz bevorstand –, als er meinte:
»Ja Schatz, ich würde dich aber trotzdem zu meiner Gemahlin nehmen!«
»Ja, weil ich so schöne Titten hab!«

Ein Prost an dieser Stelle auf die ausgewählte Unterhaltungskultur nachts im Taxi! Auf diese Aussage von ihr (sie sollte sie in den nächsten Minuten noch etwa 25-mal wiederholen) hörte man zunächst kleinlautes Geflüster von ihm: »Ja, und …!?«
»Und 'n geilen Arsch!«, proletete es aus ihrer Richtung. Seine Antwort war denkbar simpel: »Genau!«

Das war so weit schon ganz unterhaltsam, wurde aber durch die Wiederholungen auf Dauer ein wenig ins Groteske verzerrt. Doch damit nicht genug:
»… und schlau bin ich auch ganz arg. Ich hab schöne Brüste, 'nen geilen Arsch und bin schlau. Und schöne Titten hab ich auch!«

»Schatz, Brüste und Titten sind im Zweifelsfall dasselbe!«

»Was?«

Ich hab es mir nicht verkneifen können: »Na, das Gedächtnis scheint dagegen nicht mehr das Beste zu sein ...«

Überspringen wir kurz die Stelle, an der mir von seiner Seite aus nahegelegt wurde, seiner Liebsten ja nicht zu widersprechen, und kommen gleich zu dem Punkt, an dem die Polizei auftauchte. Wenn man das so nennen konnte. Wie jede Nacht in Berlin waren unzählige Einsatzwagen der Polizei unterwegs, für mich als Nachtfahrer ein gewohnter Anblick. Auch, dass es sich um einen Kleinbus handelte. Während sonst in vermutlich ganz Deutschland nur Pkws auf Streife geschickt werden, sind in Berlin die Wannen auch häufig im Innenstadtbereich anzutreffen – inklusive jener gepanzerten Besatzung, die andernorts erst zu schweren Krawallen geordert wird.

Solch eine Wanne tauchte nun vor uns in Höhe des Friedrichshainer Volksparks auf und rückte schnell näher. Während ich nämlich die erlaubten 50 Stundenkilometer ausnutzte, tuckerte die Staatsmacht im ersten Gang die Straße entlang, die Blicke wahrscheinlich suchend und überwachend aufs Dickicht des Parks gerichtet. Manch Autofahrer scheut sich instinktiv davor, die Polizei zu überholen, ich habe da keine Hemmungen. Meine Geschwindigkeit war im erlaubten Bereich und im Gegensatz zur Polizei suchte ich ja nicht das Gebüsch ab. Alles, was da unter Umständen auffindbar gewesen wäre, hatte ich bereits an Bord: betrunkene und paarungswillige Pärchen. Drogen wahrscheinlich sowieso, da bin ich Realist. Kaum, dass ich zum Überholen ansetzte, kam der jungen Dame hinter mir eine wirklich hervorragende Idee:

»Ey, ich pöbel die jetz einfach an!«
Bitte nicht!
»EYÖÖÖHEEYYY!!! IHR!!!«

Meine kurzfristige Geschwindigkeitsübertretung, um außer Hörweite zu gelangen, war wahrscheinlich für alle Beteiligten das Beste. Dummerweise war die nächste Ampel rot. Zunächst sah es gut aus. Madame beschäftigte sich wieder mit ihren sekundären Geschlechtsmerkmalen, was ja nicht unbedingt schlimm sein muss. Sie kam allerdings auf die famose Idee, sie müsste nun der inzwischen hinter uns ebenfalls haltenden Staatsgewalt ihre, nun ja … »Heiratsgründe« zeigen.

Sie hatte sich bereits aus Gurt und Sitz befreit, das Fenster geöffnet, als ich ihren Verlobten (»Ja, schöner Ring, ich muss aber fahren!«) daran erinnert habe, dass die Anschnallpflicht auch im Taxi gilt, und ich es nicht für besonders clever halten würde, wenn seine bald Angetraute nun … und die hing tatsächlich schon aus dem Fenster und war fleißig am Hochkrempeln.

Mit vollem Krafteinsatz schmiss der Ehemann in spe sich an den quasi dritten Heiratsgrund seiner Liebsten und zerrte sie unsanft wieder rein. Der Rest der Fahrt verlief dann ruhig und angeschnallt. Und die Ordnungshüter haben sich, sehr zum Bedauern der stolzen Braut, auch nicht übermäßig für ihre Eskapaden – und natürlich ihre Brüste – interessiert. Puh!

Zwei Euro Trinkgeld von ihm »für den Extra-Stress« beendeten die Fahrt. Und dabei war ja nicht einmal ich es, der die Dame künftig ehelichen musste.

Ob nun streitend oder glücklich: Am Ende hat bei Pärchen wohl immer auch der Taxifahrer mit der Situation zu kämpfen. Im Gegensatz zu manchen Kollegen hatte ich immerhin noch kein kopulierendes Paar auf der Rückbank. Vielleicht wird sich das als angenehmer erweisen. Allerdings landet man da schnell wieder in einem sehr dunkelgrauen Bereich der Anschnallpflicht. Oder die Artistik der Protagonisten ist filmreif. Ich bin gespannt.

Wie wird man Taxifahrer?

»Wollen Sie sich wirklich Ihr ganzes Leben mit so einem Gelegenheitsjob rumschlagen?«, fragte mich meine Sachbearbeiterin bei der Bundesagentur für Arbeit, als ich ihr erklärte, ich würde ihr und ihrem Amt nicht weiter zur Last fallen und hätte nun einen Vollzeitjob als Taxifahrer. Ein Dreivierteljahr hatte ich gelernt dafür, und dann kam diese Bürokratin daher und versuchte, mir das madig zu machen. Es kostete mich Mühe, im Gegenzug nicht meine Meinung über ihren Arbeitgeber kundzutun.

Denn die Agentur war mit mir ähnlich ungnädig umgegangen wie mit vielen anderen auf sie angewiesenen Menschen. Und das, obwohl ich damals immerhin reguläres Arbeitslosengeld bezog, und nicht etwa ALG 2.

Im Grunde hatte ich es damals, 2008, nicht nötig, mich mit dem Amt anzulegen, denn ich hatte meinen Job klar vor Augen und sogar eine schriftliche Bestätigung meines zukünftigen Chefs, dass er mich sozialversicherungspflichtig anzustellen gedenke. Leider aber ist das Lernen auf die Ortskundeprüfung einer anerkannten Ausbildung nicht gleichgesetzt gewesen und ich musste trotz guter Job-Aussichten alibimäßig Bewerbungen verschicken und mir anhören, dass ich gefälligst eine Arbeit anzunehmen hätte, auch wenn sie mich am Lernen hindern und wegen zu geringer Bezahlung weiterhin vom Amt abhängig machen würde.

Zu solch einer Anstellung kam es glücklicherweise nie, aber es ist schon traurig, dass ich jeden Hauch einer Unterstützung – und wenn's nur aufmunternde Worte gewesen wären – seitens der Bundesagentur vergessen konnte, obwohl mein Traumjob in greifbare Nähe rückte und ich somit schlussendlich wie geplant zu einem braven Steuerzahler werden konnte.

Um ehrlich zu sein: Steuern zahle ich meines geringen Einkommens wegen nur sehr selten, aber immerhin kann ich mich seit damals erfolgreich von allen Ämtern fernhalten.

Dass der Beruf des Taxifahrers keine anerkannte Ausbildung voraussetzt, wüsste auf Anhieb wohl ein Großteil der Menschen richtig zu erraten. Dass aber auch wir Hürden zu meistern haben, bevor wir uns auf dem Fahrersitz niederlassen dürfen, ist eher weniger bekannt.

Nicht, dass ich mit allen Regelungen oder deren Umsetzung im Gewerbe glücklich wäre. Neben der suboptimalen Bezahlung ist der schlechte Ruf der Taxler auch zu einem guten Teil selbstverschuldet und bessere Ausbildungen und mehr Kontrolle würden dem Gewerbe insgesamt sehr gut tun. Nach wie vor leiden sowohl die Kunden als auch wir Kollegen unter »Taxifahrern«, denen man wirklich kaum zutrauen kann, ihren Sitzplatz in einem speziell gekennzeichneten Auto zu finden.

Die großen Augen meiner Fahrgäste aber, wenn ich ihnen erzähle, dass mein Abitur ein Klacks gegen das Lernen für die Ortskundeprüfung war, zeigen, dass es da noch Aufklärungsbedarf gibt. Geschätzt verbringen wir Berliner Taxifahrer den ersten Monat unseres Lernens schon alleine damit, zu verstehen, was es mit den Begriffen »Taxischein«, »P-Schein«, »Personenbeförderungsschein« und »Führerschein zur Fahrgastbeförderung« auf sich hat. Dieses Buchkapitel ist insofern revolutionär, als ich den Sachverhalt hier erstmals in einem kurzen, prägnanten, völlig auf Kommata und Nebenkriegsschauplätze verzichtenden Satz auf den Punkt bringe: Es ist alles dasselbe. (Wer das zuvor schon im Internet gelesen hat, war vermutlich auf einer der Seiten, für deren Inhalte ich verantwortlich zeichne.)

»Führerschein zur Fahrgastbeförderung«, manchmal auch »FzF« abgekürzt, ist eigentlich die korrekte Bezeichnung, aber selbst die zuständigen Ämter verwenden inzwischen teilweise »Taxischein« und »P-Schein«. Im amtlichen Sinne ist es ein Führerschein; einer, der selbst heute noch auf Papier daherkommt. Er ist genau genommen das einzig nötige Dokument, wenn man in Deutschland Taxifahrer zu werden gedenkt. Will man sich selbständig machen, kommen noch die Prüfung bei der IHK, der Nachweis von Vermögen, Erwerb einer Konzession etc. pp. hinzu. Als Fahrer in einem Arbeitsverhältnis mit einem Konzessionsinhaber ist es aber wirklich nur dieses kleine gelbe Zettelchen, das einem die Erlaubnis gibt, sich hinters Steuer eines Taxis zu setzen und Kunden zu befördern. Was aber natürlich bedeutet, dass es nicht jeder bekommt. Und da beginnt der Stress.

Im Gegensatz zum »normalen« Führerschein müssen wir für den Taxischein keine Fahrprüfung ablegen. Schließlich beinhalten die Bedingungen für den Erwerb des Scheins den Besitz des eigentlichen Führerscheins: Klasse B seit mindestens zwei Jahren, Mindestalter 21 Jahre – so steht es geschrieben. Darüber hinaus müssen angehende Taxifahrer ein möglichst blüten(-grün-)weißes Führungszeugnis vorlegen können und in der Flensburger Highscoreliste keine Rekorde aufgestellt haben. Eine feste Punktegrenze gab es zwar nie, aber schon beim alten System, das den Führerscheinverlust bei mehr als 18 Punkten vorsah, war klar, dass man spätestens ab fünf bis acht Punkten gut begründen können sollte, warum man beruflich Auto fahren will. Beim seit 2014 geltenden System könnten drei Punkte hingegen eine recht nachvollziehbare Grenze werden, man wird es mit der Zeit sehen.

Amtlich vermerkte Drogen- und Gewaltdelikte sind aus nachvollziehbaren Gründen eher unbeliebt und können einem eine negative Antwort auf die Beantragung bescheren. Darüber hinaus muss der Taxiaspirant eine amtsärztliche Untersuchung, einen Seh- und einen Hörtest, sowie einen so genannten »Funktions- und Leistungstest« absolvieren. Letzterer beinhaltet Geduldspielchen, viel Knöpfchendrückerei und soll im Wesentlichen dazu dienen, die Leute auszusortieren, die sich nach 30 Sekunden nicht mehr auf etwas konzentrieren können. Da habe selbst ich, bei einem der Spiele aus dem Takt gekommen, am Ende einen Teil wiederholen müssen. Dieser Test muss aber erst ab dem sechzigsten Lebensjahr wieder regelmäßig gemacht werden, wenn man ihn einmal bestanden hat. Die anderen Untersuchungen werden alle fünf Jahre erneut fällig, aber man muss nicht Superman sein, um all das erfolgreich zu bestehen. Man darf mit Brille Taxi fahren, und sämtliche Tests stellen auch für viele Kollegen im Rentenalter keine große Herausforderung dar. Im Wesentlichen verlangt es keine außergewöhnlichen Fähigkeiten, man sollte nur nicht extrem unterdurchschnittlich abschneiden.

Die entscheidende Hürde auf dem Weg zum Taxischein ist der Nachweis über die Ortskunde. Und das bedeutet leider überall in Deutschland etwas anderes. Das Taxigewerbe ist regional verankert und somit gibt es viele Regelungen, die nicht bundesweit gelten, sondern nur in der jeweiligen Stadt oder dem jeweiligen Landkreis.

In vielen kleinen Gemeinden ist diese Ortskundeprüfung offenbar gut zu bewältigen, wenn man zwei Nachmittage mit Lernen verbringt: 28 Hauptstraßen benennen und die sieben Dörfer im Einzugsgebiet auf einer unbeschrifteten Karte erkennen können. Oder so ähnlich. Dass das in Berlin ein wenig anders aussieht, verwundert wohl kaum.

Hier ist die Ortskundeprüfung nämlich wirklich ein großes Hindernis und man ist als Neuling ohne eine Taxischule nahezu hoffnungslos verloren. Denn diese Prüfung hat es in sich.

Zur Veranschaulichung will ich hier den schwersten, den mündlichen Teil kurz schildern. Wenn man sich an diesen Teil der Ausbildung wagt, sollte man in Berlin schon ein paar hundert Adressen auswendig kennen, die in einer äußerst ermüdenden Liste, dem so genannten Ortskunde-Katalog, aufgezählt werden. Da man meist ein paar Monate mit dem Spaß beschäftigt ist, kann es im Verlauf der Lernerei passieren, dass dieser Katalog aktualisiert wird, sprich, dass Hotels, Straßen oder andere örtliche Gegebenheiten herausfallen und andere aufgenommen werden. Aber das nur nebenbei.

Die im Katalog enthaltenen Adressen, gemeinhin »Objekte« genannt, sind nach der Vorstellung der Taxiverbände quasi das Who-is-who der Berliner Stadtlandschaft. Neben bekannten Wahrzeichen wie dem Brandenburger Tor oder dem Reichstag finden sich dort altehrwürdige Hotels, Theater, Clubs und Restaurants. Darüber hinaus wichtige Bahnhöfe und Flughäfen (sofern Berlin so etwas gerade vorzuweisen hat), Krankenhäuser und namhafte Adressen der Politik, wie etwa Botschaften und Parteizentralen. Einige hundert Adressen kommen da sicher zusammen, alleine die Anzahl der Hotels müsste zu meiner Ausbildungszeit dreistellig gewesen sein. Dieses Wissen hat man im Prinzip schon in der ersten, schriftlichen Prüfung nachgewiesen.

Beim mündlichen Teil sitzt man zwei Prüfern gegenüber, die sich in einen Stadtplan vertiefen, auf den man selbst allenfalls einen hundsmiserablen Blick hat. Aber das ist gewollt. Die Prüfer wählen nun nach ihrem Gutdünken aus erwähnten mehreren hundert Objekten zwei aus, egal wie absurd die Kombination ist. Ob sie nun vom Flughafen Tegel direkt zu einem Club wie dem Berghain wollen, oder vom Unfallkrankenhaus Berlin zur Spielbank: An dieser Stelle sollte man besser nicht mit gesundem Menschenverstand intervenieren. Die Fahrten sind hochhypothetisch, aber ihr erfolgreiches Imaginieren leider im realen Leben entscheidend fürs Bestehen der Prüfung. Denn nachdem die Prüfer ihre beiden Objekte gewählt haben, muss man als angehender Berliner Taxifahrer auswendig alle Straßennamen und Richtungswechsel herunterbeten, um auf dem kürzesten Weg von Objekt A zu Objekt B zu kommen.

Wem das jetzt einfach vorkommt, der halte sich vor Augen, dass man zum sicheren Bestehen der Prüfung ungefähr 200.000 Strecken im Kopf haben müsste, inklusive ihrer aberwitzigen Details. Das Frustrierende daran ist, dass man am Ende des Lernmarathons selbst bei perfekter Vorbereitung allerhöchstens zehn Prozent der Straßen in Berlin kennt. Von Restaurants, Hotels und dergleichen ganz zu schweigen …

Ein Beispiel aus der Praxis soll zeigen, wie kompliziert das werden kann. Zugegeben: Es ist eine besonders absurde Beispielfahrt, dafür ist sie auch nur einen Kilometer lang und reicht vom »40 Seconds« (Potsdamer Straße, Ecke Schöneberger Ufer) zum Brandenburger Tor (Pariser Platz). Kann man sich von jeder Kartensoftware komplett auch auf kleinen Bildschirmen anzeigen lassen. Wenn man nun Berliner fragen würde, wie man vom Club zum Tor kommt, fiele die Antwort in aller Ausführlichkeit etwa so aus: »So schnell wie möglich wenden, am Potsdamer Platz links ab und nach 400 Metern steht das Tor auf der rechten Seite.«

Diese Erklärung reicht für 99,9 Prozent aller Autofahrer und Berlin-Besucher aus. Im Grunde auch für uns Taxifahrer. Aber die Regeln der Ortskundeprüfung verlangen mehr oder minder folgenden Wortlaut (dieser ist in den folgenden Absätzen kursiv gesetzt):

»Wir starten an der Potsdamer Straße und wenden Höhe Bissingzeile.« Diese kleine Nebenstraße muss man wirklich nur deshalb lernen, weil man eventuell in der Prüfung von

genau diesem Club irgendwo in den Nordosten geschickt werden könnte und an dieser Stelle wenden muss.

»Geradeaus Potsdamer Straße, geradeaus Potsdamer Platz.« Da kommen wir zum ersten schwierigen Punkt: Ein Teilstück der zu befahrenden Straße heißt offiziell Potsdamer Platz, und das muss man in der Prüfung genau so sagen.

»Links Potsdamer Platz mit Leipziger Platz.« Eine böse Falle! Der Leipziger Platz liegt eigentlich nicht direkt auf dieser Route, aber unsere Strecke führt unmittelbar daran vorbei. Da der Leipziger Platz zu den rund 70 besonders wichtigen Plätzen aus dem Ortskundekatalog zählt, muss er auch beim bloßen Vorbeifahren erwähnt werden.

»Geradeaus Ebertstraße mit Platz des 18. März.« Nun sind wir eigentlich am Brandenburger Tor und auch als Taxifahrer würde ich meine Fahrgäste selbstverständlich hier einfach aussteigen lassen. Dem Ortskundekatalog nach liegt das Brandenburger Tor allerdings eindeutig am Pariser Platz – und der befindet sich auf der anderen Seite des Tores. Folglich müssen wir zumindest in der Ortskundeprüfung noch einmal um den Block. (Das wurde inzwischen geändert, so hörte ich, war aber noch Vorschrift, als ich die Prüfung abzulegen hatte.)

»Rechts Dorotheenstraße, rechts Wilhelmstraße, rechts unter den Linden, geradeaus Pariser Platz und dort halten wir vor dem Brandenburger Tor.« Und nein: Man kann nicht südlich durch die Wilhelmstraße abkürzen. Da ist wegen der angrenzenden britischen Botschaft eine permanente Straßensperrung eingerichtet, die bereits länger als drei Jahre existiert und damit prüfungsrelevant ist. Wäre ja auch zu einfach!

Mit so einem Ballast schlägt man sich als angehender Taxifahrer monatelang die Nächte um die Ohren. Aber nicht nur das. Wenn man dann noch die leider immer mal wieder auftauchenden Prüfer mit leicht defizitärem Wissen in die Gleichung miteinbezieht, gegen die alles Lernen nichts hilft, dann erklärt das vielleicht, weshalb ein Taxler in der Lernphase den Kopf reichlich voll hat, obwohl es eigentlich nur um Straßennamen geht.

Auf der Straße vergisst man das angesammelte Wissen dann natürlich umgehend. Zumindest hat man dieses Gefühl. Tatsächlich lernt man jeden Tag etwas Neues – und trotzdem wird man die weißen Flecken auf dem Stadtplan im Kopf nie gänzlich ausmerzen können. Und das sage nicht nur ich in meinem jugendlichen Leichtsinn, sondern das meinen auch Kollegen, die schon ein paar Jahrzehnte dabei sind. Helfen aber tut jegliches Wissen und nicht alles davon lässt sich durch ein Navi ersetzen.

Dass die Ortskundeprüfung in Berlin immer noch so schwierig ist, liegt eher daran, dass man den Zugang zum Gewerbe so ein wenig regulieren kann, als daran, dass man die vielen albernen Details wirklich wissen muss. Aber noch sind Navigationssysteme und das Internet nicht so weit, uns ganz zu ersetzen. Manchmal sind es dann doch wir, die das kleine und bei Google schlecht gerankte Hotel kennen und wir sind auch die, die wissen, welche Straßen wann besser befahrbar sind oder den schöneren Ausblick bieten. Ich nutze das Navi in meinem Auto gerne, aber ich bin auch ein bisschen stolz, dass ich an vielen Stellen inzwischen besser bin.

Zu guter Letzt: Ich bedauere, dass die Ortskunde und die gesundheitliche Eignung bisher die einzigen Kriterien sind, nach denen Taxifahrer ausgewählt werden. Das beschert uns immer wieder Kollegen, die man nicht ganz grundlos in anderen Jobs niemals auf Menschen losgelassen hat. Auch wenn es nur wenige sind – es reicht, um unseren Ruf immer einmal wieder zu ruinieren. Ob sich da jemals etwas ändern wird? Meinem Blutdruck zuliebe steigere ich mich in diesen Glauben besser nicht hinein.

Godzilla

Das Mindestalter für Taxifahrer beträgt wie erwähnt 21 Jahre. Keine allzu große Einschränkung neben dem ebenso bereits genannten zweijährigen Besitz einer Fahrerlaubnis. Aber abgesehen vom leicht mangelhaften Wissen über den Straßenverkehr bei manchen Minderjährigen sind vor allem auch die Äußerungen der Fahrgäste nicht immer für Kinderohren geeignet …

Eines Abends erblickte ich am »Spindler und Klatt« Winker. So weit, so gut. Dieser Club ist mir vom Publikum her immerhin noch niemals wirklich negativ aufgefallen – abgesehen von einem Kunden vielleicht, den ich dort mal hinbrachte. Er hat versucht, mich zu überreden, dass er mir, statt mich zu bezahlen, eine neue Frisur verpasst. Aber das war sichtlich nicht ganz ernst gemeint.

Von der Sorte waren die gerade aufgelesenen Gesellen aber nicht. Und abgesehen davon, dass sie es im Vollsuff für total normal hielten, zwei Taxen einfach mal fünf Minuten zu belagern (also bei offener Türe um den Einstieg zu rangeln), ohne ein Ziel zu nennen oder irgendwas Sinnvolles zu sagen, war es noch zum Aushalten mit ihnen.

Doch dass das eine nervige Fahrt werden würde, war vorprogrammiert. Überdrehte Jungs, alle etwa zwanzig und ziemlich angeschlagen. Die letzte Flasche Wodka machte noch die Runde, und als beide Taxen beladen und mein Kollege schon unterwegs war, haben sie festgestellt, dass einer gar nicht mehr reinpasst.

Das hat glücklicherweise nicht gestimmt, weil sie den einen – bereits ausgeklappten – Zusatzsitz in meinem

Auto völlig übersehen hatten. Was mich ehrlich wunderte, denn ich hätte eher erwartet, dass sie ein paar Sitze doppelt sehen.

Es dauerte zwar ein bisschen, die drei betrunkenen Jugendlichen wieder von der Rückbank runterzupflücken, um den Zugang zu jenem Sitz zu erleichtern, aber irgendwie hab ich es geschafft. Der letzte flennte mit gespielter Dramatik, dass ich ihn nur rausjagen würde, weil er so dick sei. Ich hab ihm das einfach bestätigt. Hat geholfen. Es war auch ganz gut, dass ich bei diesem Jungen namens Julian die Grenzen ausgelotet hatte, denn neben dem etwas teigigen Milchbubi auf dem Beifahrersitz, der die ganze Zeit krakeelte, er würde der Gruppe in Wannsee beim McDonald's einen Burger ausgeben (obwohl wir nach Mitte gefahren sind und das damit einem Umweg von gut 40 Kilometern entsprochen hätte), war er die größte Nervensäge.

Im Grunde waren Julians Sprüche allesamt harmlos, waberten zu meinem einen Ohr rein und zum anderen wieder raus. Bis es dann irgendwann lustig wurde. Und wie immer, wenn es in einer Gruppe Heranwachsender wirklich lustig wird, ging es um Geschlechtsteile.

Julian beugte sich von seinem mittleren Sitz hinten verschwörerisch vor und ließ mich wissen:

»Ich wollte nur sagen, dass ich einen enorm schönen Penis habe.«

»Vielen Dank für die Info, ich glaube es dir.«

Aber diese halbherzige Aussage reichte ihm selbstverständlich nicht: »Nein im Ernst, ich hab tatsächlich einen schönen und natürlich auch riesigen Penis. Wenn Sie – das verspreche ich! – meinen Penis sehen könnten, dann würden Sie sagen: ‚Woooowww!' Wirklich: Mein Penis ist riesig. Und unglaublich schön. Es ist der ultimative Penis. Ich würde sagen, mein Penis ist wie, wie, ja wie Godzilla!«

Und er strahlte. Ich hingegen hab meine Chance gewittert: »Ja klar, wer wenn nicht Godzilla ist für seine Schönheit bekannt!?«

Die gruppendynamischen Prozesse in solchen Momenten sind interessant. Nur kurze drei Sekunden hat es bis zum Sprechchor der übrigen Jungs gedauert: »Eins zu null für den Taxifahrer! Eins zu null für den Taxifahrer!«

Zum zwei zu null hat es sogar auch noch gereicht. Julian hat sein Gemächt weiter mit netten Worten bedacht, und so kam es, dass einer der Mitreisenden prognostizierte: »Ach ja, ich wette, dass Julian heute 15 Mädels klarmacht!« Woraufhin ich leise nuschelte: »Und Godzilla ...«

Der Rest war zu erwarten: Julian wollte während der Fahrt aussteigen, um mich zu schlagen, ich hab am Ende fast drei Euro Trinkgeld von den anderen bekommen und der mindestens prächtigste Penis der Welt hat am Zielpunkt in Mitte gegen eine Hauswand gepinkelt. Was Godzilla vermutlich auch schon mal gemacht hat, wenn die Kamera gerade nicht lief.

Ich denke, ein bisschen abgehärtet sollte man als Taxifahrer schon sein. Nicht, dass man sich alles gefallen lassen muss, aber man fährt eben nicht nur schweigsam lesende Literaturprofessoren von A nach B, man hat auch gelegentlich Leute im Auto, deren Sprache etwas derber ausfällt. Das kann ganz eigene Probleme mit sich bringen, wenn man auf Teufel komm raus darauf verzichtet, gewisse Dinge auszusprechen – mehr dazu in einem späteren Kapitel.

Osama und Lisa

»Hallsemal!«

Dabei war anhalten nicht wirklich notwendig. Ich stand vor dem Berghain in einer Schlange von rund 40 Taxen. Es wäre mir schwergefallen, überhaupt loszufahren. Die Wahrnehmung des Mannes hatte eindeutig mit meiner nicht mehr viel zu tun. Bei ihm bewegte sich einiges schneller als in der Realität.

Der neue Tag war bereits angebrochen, die Sonne bahnte sich ihren Weg am Himmel, es war eine jener Nachtschichten, die ich – wie immer ein wenig widerwillig – erst bei Tageslicht beenden konnte. Lange wollte ich an diesem Morgen nicht mehr arbeiten, aber ein oder zwei Fahrten sollten es schon noch sein. Insofern freute ich mich, dass der Kerl sich offenbar für mich entschieden hatte, obwohl ich in der Schlange bei Weitem nicht an erster Stelle stand. Aber seine Kriterien für die Auswahl eines Taxis würde ich wohl nicht in unserem Universum finden.

Blau wie die berühmte Periode Picassos torkelte er um mein Auto, um auf der Beifahrerseite einzusteigen. Ich schätzte ihn auf etwa 30 Jahre, er war gedrungen gebaut, höchstens 1,65 Meter groß, aber sichtbar durchtrainiert. Das leicht ramponierte Shirt spannte an Brust und Armen, darüber folgte ein offensichtlich nicht mehr abzustellendes Grinsen – mit Zähnen, die noch einem Pferd als ausreichende Kauwerkzeuge hätten dienen können. Sein kahlrasierter Kopf glänzte im Licht der aufgehenden Sonne, mein Fahrgast schwitzte offenbar nicht zu knapp.

»Wo soll es denn hingehen?«
»Haha, Alter! Keine Ahnung! Feiern? Kein Plan! Wo sind wir überhaupt?«
»Am Berghain.«
»Berghain? Ach nee! Hat noch ein anderer Club offen?«
»Äh, ja. So spät isses ja noch nicht. Das Watergate?«
»Watergate! Das' gut! Bringste mich dahin?«
»Klar doch.«

Mein euphorischer Partygänger kurbelte das Fenster herunter und begann nach etwas zu suchen. Scheinbar nicht nach Geld, denn das förderte er in vergleichsweise großen Mengen ans Tageslicht und verteilte es großzügig um sich herum. Auf seinem Schoß, auf dem Armaturenbrett, in der Mittelkonsole – überall fanden sich nach kürzester Zeit Geldscheine, meist Fünfziger. Reichlich ungewöhnlich, doch freute es mich zu sehen, dass er die Fahrt würde bezahlen können. Ich erinnerte mich an einen ähnlich abgewrackten Kerl, der mir seinerzeit ein Geldbündel von mindestens 1.000 Euro unter die Nase gehalten und betont hatte, er mache das, um mir zu beweisen, dass er solvent sei.

Das lag meinem jetzigen Fahrgast wohl weniger im Sinn. Er sammelte seine Scheine ein und zählte stumm vor sich hin. Nach der Menge zu schließen müssten es weit mehr als 500 Euro gewesen sein, dennoch jammerte er, dass ihm viel Geld abhandengekommen sei. Dabei flog beinahe einer der Scheine aus dem weit geöffneten Fenster und ich entwickelte eine leise Ahnung, wie es eventuell dazu gekommen sein konnte, dass er an diesem Abend seine Finanzen nicht so ganz unter Kontrolle hatte.

Wir hatten inzwischen ungefähr einen der beiden zu fahrenden Kilometer absolviert, da bat er mich, doch bitte vor der Eastside-Gallery zu halten. Nicht, dass die bemalten Reste der Berliner Mauer im Schein der frühen Sonne kein pittoreskes Bild abgegeben hätten – aber die Mauer wollte er gar nicht bestaunen, sondern stattdessen die Fahrt für eine Zigarettenpause unterbrechen und zudem offenbar weiter nach Geld suchen. Ich bin ja selbst Raucher, aber Leute, die auf einem maximal drei Minuten langen Weg eine Zigarette brauchen, habe ich nie verstanden. Tatsächlich haben manche Fahrgäste am Stand so lange mit mir übers Rauchen im Taxi diskutiert, dass sie dabei mehr Zeit ohne Zigarette verbrachten, als die eigentliche Fahrt dann in Anspruch nahm.

Während mein Blick an einer jungen Frau hängenblieb, die sehr hoffnungsfroh in Richtung meines Taxis starrte, setzte ich langsam den Blinker und ließ den Opel sachte ausrollen. Da standen wir nun und das glatzköpfige Grinsen sprang wie von Sinnen ins Freie und befummelte jede Jacken- und Hosentasche, die sich auf die Schnelle lokalisieren ließ. Er beförderte umgehend einen weiteren Fuffi ans Tageslicht und knallte ihn aufs Armaturenbrett, »als Anzahlung«.

Meine Freude hielt sich insofern in Grenzen, als es wegen des Wechselgeldes immer ein wenig doof ist, eine Sieben-Euro-Tour mit so einem Schein bezahlt zu bekommen. Aber: Für meinen Fahrgast war auch das kein Problem! Zwischen zwei Zügen seiner Zigarette wechselte er ungefragt den Fünfziger gegen einen Zwanziger aus und griff sich im Gegenzug völlig ungeniert eines meiner Bonbons aus der Mittelkonsole.

An dieser Stelle muss ich kurz etwas klarstellen: Als Taxifahrer in der Nachtschicht pflege ich einen wirklich ungezwungenen Kontakt zu den Fahrgästen. Vor allem wenn man bedenkt, dass es zumeist wildfremde Menschen sind, die selten länger als ein paar Minuten mit mir verbringen. Ich gebe im Eifer des Gefechts – und natürlich auch in der Hoffnung auf entsprechendes Trinkgeld – gerne eine Zigarette oder ein Bonbon aus, spendiere Taschentücher oder in besonderen Ausnahmefällen sogar mein Handy für ein dringendes Telefonat. Aber spätestens seit mir einmal in einem ungünstigen Moment ein paar Jugendliche Kamera und Handy aus dem Auto gestohlen haben, bin ich nicht mehr sehr begeistert, wenn Fahrgäste meinen, sie dürften einfach meine Sachen angrabbeln. Auch wenn es nur Bonbons sind, bei denen sich der Verlust finanziell durchaus verschmerzen ließe.

Während ich noch überlegte, ob es sinnvoll sei, dem Typen wegen seines dreisten Verhaltens die Leviten zu lesen, stand plötzlich die junge Dame vor uns, die zuvor so sehnsüchtig auf ein Taxi gewartet hatte. Sie tippelte ein wenig auf ihren kleinen Füßen hin und her und schaffte es damit recht überzeugend, ihre Ungeduld nonverbal auszudrücken. Anstatt gleich mit der Tür ins Haus zu fallen, fragte sie mich zunächst nach einer Kippe. Erst als sie die angezündet in der Hand hielt, kam sie zum Thema: Ob ich sie denn heimbringen könnte.

»Nein, sorry. Er hier möchte noch bis zum Watergate. Das ist zwar nicht mehr weit, aber Sie sehen ja: Er will noch eben eine rauchen.«

Ich hätte die Kundschaft wirklich gerne ausgewechselt. Von meinem bisherigen Fahrgast hatte ich ohnehin höchstens noch zwei weitere Euro zu erwarten.

Klar, die Pause an sich war angenehm. Ich stand im Lichte der Morgensonne gemütlich an der Straße und rauchte, während das Taxameter weiterlief und meine Einnahmen erhöhte. Aber es reichte mir eigentlich mit dem Rumstehen in dieser Nacht und das Taxameter liefe zudem noch schneller, wenn ich fahren würde.

Die potenzielle Neukundin ließ mich Folgendes wissen: »Ich komm' gerade von der Arbeit und hab keine Lust mehr auf die Bahn. Das dauert so ewig, ich muss doch noch bis nach Erkner …«

Bis. Nach. Erkner.

Ich stand da also mit einem verpeilten Typen rum, der zwar irgendwie ganz lustig war, aber halt nicht gerade die beste Tour des Tages darstellte. Und daneben bettelte eine Frau geradezu darum, dass ich sie mitnehme. Auf die mindestens längste Fahrt der Woche, dazu erkennbar keine Drogen, kein Ärger. Und hinter ihrem Rücken rauschte ein freier Kollege nach dem anderen vorbei. Das sah alles nicht gut aus. Bis …

Bis hinter ihrem Rücken das unheimliche Grinsen meines Fahrgastes auftauchte und er sich ein bisschen zu aufdringlich vorstellen musste:

»Hi. Ich bin übrigens der Osama. Ja, Osama. Wie der Bin Laden, cool, oder?«

»Lisa.«

»Freut mich, Lisa, wo musst du hin?«

Mir persönlich konnte das nur gefallen. Auf der anderen Seite erinnerte ich mich an die mahnenden Worte erfahrenerer Kollegen: »Nimm nie mehrere Leute mit, die sich nicht kennen! Schon gar nicht, wenn das mit dem Bezahlen nicht geklärt ist. Das gibt immer Stress! Immer!«

Was soll ich sagen? Natürlich hab ich sie zusammen eingeladen. Auf beidseitigen Wunsch. Lisa wollte zwar eigentlich nur nach Hause, aber sie brachte den werten Osama recht überzeugend dazu, zu glauben, ihr gefielen seine plumpen Avancen.

Osama selbst war hochgradig verzückt, dass sich jemand – und dann auch noch eine attraktive junge Frau! – so für ihn interessierte und schmierte ihr (weiterhin völlig unbeholfen) Honig ums Maul.

Meine Absicht war klar: zunächst Osama am Watergate absetzen, danach Lisa nach Erkner bringen. Er würde seine Fahrt bezahlen, sie dann den Rest. Das Leben hätte so einfach sein können. Hätte können …

Wie abzusehen war, spekulierte der sich geschickt mit einem weltbekannten Terroristen ins Gespräch bringende junge Mann natürlich nicht nur auf eine Begleitung während der paar hundert Meter Fahrtstrecke zum Club, sondern weit darüber hinaus. Das Drama nahm seinen Lauf, als Lisa ihren Freund anrief und Osama vermeintlich witzig von der Seite immer wieder ins Telefon schnurrte, dass er jetzt mit Lisa unterwegs sei. Mehr als nur bedenklich wurde es dann am Club, als er sich weigern wollte, das Auto ohne seine neue Eroberung – die sich allerdings alles andere als erobert fühlte – zu verlassen. Die aufgelaufenen Kosten beglich er zwar, bzw. ich nahm sie mir von seinem »Vorschuss« ab, darüber hinaus aber befürchtete ich, ihn tatsächlich rausschmeißen zu müssen. Etwas, das ich als Dienstleister möglichst zu vermeiden suche, vor allem, wenn es nur um Streitigkeiten zwischen meinen Kunden geht, also zwischen zwei Leuten, bei denen ich mich nicht auf eine bestimmte Seite zu schlagen gedenke. Im aktuellen Fall war es zwar eindeutig Osama, der die Grenze überschritt, aber das änderte nichts an meinem Unbehagen.

Glücklicherweise blieb es dieses Mal nicht an mir hängen, da Lisa, sichtbar durch ihre Tätigkeit in der Gastronomie geschult, wusste, wie sie mit aufdringlichen Leuten umzugehen hatte. Mit anderen Worten: Sie nahm ihre Füße zu Hilfe, um den verdutzten Osama wortwörtlich aus dem Taxi zu treten. Chapeau!

Ich könnte das hier jetzt kitschig mit einem Ritt in den Sonnenaufgang beenden. Der Bösewicht war vertrieben, woraufhin der Held mit der holden Maid in eine ungewisse Zukunft fährt. Doch leider wäre das unehrlich. Im wunderbaren Song »Love sucks« der Fantastischen Vier rappte Thomas D. dereinst, dass »es nicht immer so ist, wie es in der Zeitung steht, und dass es nach dem Happy End im wahren Leben weitergeht«. Und im wahren Leben waren sowohl Lisa als auch ich anderweitig vergeben und unser fürwahr sehr entspannter Ritt in den Sonnenaufgang entwickelte sich schon deshalb etwas unromantisch, weil ich das Navi programmieren und sie ihrem Freund am Telefon Rede und Antwort stehen musste, über den Typen, der behauptet hatte, sie würde ihn betrügen. Glücklicherweise waren beides keine unlösbaren Aufgaben.

Wie so oft, wenn ich Menschen aus der verwandten Branche Gastronomie treffe, verschwamm auch hier während des Gesprächs die Grenze zwischen mir als Dienstleister und Lisa als Kundin. Wir lästerten gemeinsam über Typen wie Osama, klagten über unser oft ähnliches Leid und amüsierten uns über dieselben Kleinigkeiten.

Lisa kam zugute, dass Osama die wesentlich teureren ersten Kilometer der Fahrt verbraucht hatte, so standen trotz allem Tüdelü am Ende zwar 50 Euro und 60 Cent auf der Uhr, zu begleichen waren jedoch nur noch rund 40 Euro, da Osama mir ja bereits einen Zehner zugesteckt hatte. Kurz vor der Ankunft gab Lisa mir einen weiteren und meinte, das sei schon mal mein Trinkgeld. Wow!

Während ich mich beinahe dafür schämte, dass sie den Anfang der Fahrt mit einem schwierigen Gesellen wie Osama hatte verbringen müssen, lobte sie mich ungerechtfertigterweise dafür, dass wir ihn gemeinsam losgeworden wären.

Als wir in inzwischen ländlicher Idylle am Ziel ankamen, meinte sie, ihr Freund würde die Fahrt bezahlen.

»Sag einfach, dass es 50,60 Euro sind!«

Äh, naja. Das wäre zwar richtig gewesen, aber immerhin hatte ich vom oben genannten Betrag bereits 20 Euro erhalten.

»Sag es einfach!«

»Ich weiß nicht …«

In diesem Moment trat ihr Freund vor die Tür. Ein Kerl wie ein Baum, sicher um die zwei Meter messend. Noch durchtrainierter als Osama, soldatengerechte Kurzhaarfrisur. Den Oberkörper zierte ein Shirt mit dem Namen einer bekannten Hardcore-Band, die großflächige und spiegelnde Sonnenbrille schützte ihn davor, im Falle einer Straftat einwandfrei identifizierbar zu sein. Und vor dem Sonnenlicht natürlich. Während Lisa ausstieg, beugte er sich zur Beifahrerseite ins Auto und fragte mit unerwartet sanfter Stimme, was ich bekäme. Ich wollte gerade losstottern, da ergriff Lisa das Wort und bedeutete ihm, er solle mir einfach einen Fuffi geben, das hätte ich mir wegen der schwierigen Fahrt absolut verdient. Wie geheißen, überreichte er mir den Schein mit einem freundlichen Lächeln und bedankte sich artig dafür, dass ich seine Freundin sicher heimgebracht hätte.

Auf dem Rückweg schien wie bestellt die warme Morgensonne, so dass ich mit offenen Fenstern durch die Lande rollen konnte. Die Anlage gab ein paar fröhlich-frühlingshafte Ska-Punk-Songs wieder – schon wegen eines solchen Feierabends könnte ich nie einen Nine-to-five-Bürojob annehmen. Zudem war ich heilfroh, dass Lisa und ich uns bereits geküsst hatten, bevor ihr Freund aus dem Haus McDonald's und mir das ansehnliche Trinkgeld überreicht hatte.

Kein Geld und trotzdem Taxi fahren ...

Es ist für uns Fahrer wie für alle anderen Dienstleister ein Ärgernis, wenn man uns nicht bezahlt – schließlich möchte niemand gerne übers Ohr gehauen werden. Auf der anderen Seite aber hat man es oftmals mit Menschen ohne böse Absicht zu tun, oder es geht um Kleinstbeträge, die es nicht wert sind, die Polizei zu rufen oder überhaupt Zeit zu investieren. Mir hat zum Beispiel einmal ein Betrunkener nach einer Kurzstrecke für vier Euro nur noch 3,95 Euro in die Hand drücken können, das war mir nicht einmal die Zeit für einen blöden Spruch wert.

Ganz ähnlich, aber wesentlich bemerkenswerter verlief die Fahrt mit Donald. Der hieß mit ziemlicher Sicherheit gar nicht Donald, aber als ich sein Gesicht sah, musste ich unwillkürlich an Donald Rumsfeld denken. Das passiert mir (glücklicherweise!) denkbar selten, und so blieb diese Assoziation noch über die Fahrt hinaus bestehen. Donald also stand mit ausgebreiteten Armen mitten auf der Fahrbahn und versperrte mir den Weg. Ein weiter Lodenmantel schlackerte um ihn herum, er trat an mein Taxi heran, nickte mir mit steifer Grimasse zu und keuchte, als ich das Fenster herunterkurbelte: »Gift!«

In höchstens angedeuteten Sätzen, passend zu seinem starren Gesichtsausdruck, stammelte er, dass er vergiftet worden sei, und bat mich um eine Fahrt ins nächste Krankenhaus. Und obwohl die Situation einer gewissen Komik nicht entbehrte: Wie sollte ich als medizinischer Laie ausschließen können, dass irgendein Gift Verkrampfungen wie die seinen hervorrief?

Auch als er bereits im Auto saß, gab er ein denkbar komisches Bild ab. Seine Arme anzuwinkeln war er immer noch nicht in der Lage, weshalb er wie ein aus einem Horrorfilm entlaufener Zombie mit vorgestreckten Extremitäten und leblosem Blick auf dem Beifahrersitz saß. Er sprach weiterhin in kryptischen Sätzen von seiner Vergiftung, ohne mir beantworten zu können, wer ihm jetzt bitte wo genau Gift verabreicht haben könnte.

Ich war durchaus ein wenig in Panik. Der Job als Taxifahrer kann nachts ja schon mal spannend sein, aber mit vergifteten Donald-Rumsfeld-Zombies hat man es auch nicht alle Tage zu tun. Ich missachtete die Geschwindigkeitsbegrenzungen bewusst, blieb gerade noch so unter der Punktegrenze. Und überhaupt: Scheiß drauf!

Der Weg war nicht weit, ich nahm nur die Hauptstraßen, denn wer hätte sicher sagen können, um wie viel es hier ging?

Nun, offenbar um gar nix. Aus heiterem Himmel sackte der eben noch völlig steife ältere Herr in sich zusammen und schien auch geistig aus einer Art Trance zu erwachen. Wo ich ihn hinfahren würde, fragte er mich; nach meiner Antwort verlangte er umgehend, ich solle ihn doch statt zum Krankenhaus lieber zur nächsten S-Bahn-Station bringen. Aha.

Meine Einwände wischte er beiseite, und so gut, wie es ihm nun wieder zu gehen schien, wollte ich ihn auch nicht gegen seinen Willen irgendwo abliefern. Eine schwierige Situation: Natürlich mag man sich nicht unterlassener Hilfeleistung schuldig machen, aber trotzdem am Ende Geld für die eigene Arbeit bekommen. Und das gestaltet sich deutlich schwieriger, wenn man die Wünsche der Kundschaft übergeht. Zwar sind wir Taxifahrer berechtigt, den voraussichtlichen Fahrpreis schon zu Fahrtbeginn als Vorkasse zu verlangen, in der Praxis tun wir das eigentlich nur

Ist Regen gut für Taxifahrer?

»Na, der Regen ist ja zumindest mal gut für Ihr Geschäft, nicht wahr?« Das höre ich ständig. Also zumindest bei Regen. Und mir als Nachtfahrer fällt die Antwort schwer. Sicher: Es klingt ziemlich plausibel. Es regnet, die Leute wollen nicht nass werden und fahren Taxi.

Meine Erfahrungen sind, nun ja, etwas komplizierter zu beschreiben.

Natürlich bringt uns der unerwartete und unvorhergesehene Sommerregen am frühen Abend mehr Kundschaft. Aber das hält vielleicht eine Stunde an. Danach sind alle Betroffenen zu Hause, haben sich umgezogen oder die abendliche Verabredung abgesagt.

Und nicht nur, dass uns diese eine Stunde selten die komplette Schicht retten kann – am Ende wird es auch durch ebenjene abgesagten Termine wieder ausgeglichen. Die, die ohnehin auf der Straße sind, fahren eher Taxi, die nächsten bleiben gleich ganz zu Hause oder kleiden sich wenigstens passend.

Natürlich: Im Einzelfall, etwa am Ende der Schicht, bringt uns Taxifahrern der Regen Umsätze. Erfahrungsgemäß würde ich nach einigen Jahren aber sagen, dass Regen eher schlecht ist. Weil: Es ändert sich kaum etwas am Umsatz und zudem regnet es auch noch.

bei besonders langen Fahrten nach außerhalb. Es ist allgemein üblich, dass wir unseren Fahrgästen einen Vertrauensvorschuss geben und das gilt natürlich auch für einen komischen Kauz wie Donald. Zumal ich ehrlich gestehen muss, dass ich bei Politiker-Zombies nicht unbedingt zu allererst ans Geld denke, sondern eher, ob sie mir freundlich gesonnen sind. Also brachte ich Donald zur S-Bahn. Dann fiel diese Tour eben unter die Rubrik »Kuriositäten des Alltags«. Am Ziel angekommen, sah Donald desinteressiert aufs Taxameter, das irgendwas um die neun Euro anzeigte, und kramte ein wenig Kleingeld zusammen. Als sich recht schnell herausstellte, dass das nicht reichen würde, blitzten seine Augen auf, er grinste übers ganze Gesicht und rief: »Wart's ab! Geheimfach!«

Tja, denkste! Er zog zwar in der Tat mit dem ernsten Blick eines Topagenten einen nicht so wirklich geheim wirkenden Reißverschluss in seinem Geldbeutel auf, bekam dann aber große Augen und flüsterte nur noch kleinlaut: »Auch leer.« Was hätte ich tun sollen? Wegen fehlender Zweiirgendwas …

In diesem Fall hab ich's bei einer Standpauke belassen, in der ich klarstellte, dass ich nur deswegen die Polizei außen vor ließe, weil das meine Unkosten noch weiter in die Höhe treiben würde.

Aber natürlich erstatten Taxifahrer auch mal Anzeige, wenn man sie nicht bezahlt. Selbst ich lasse nicht alles mit mir machen.

Vor etlicher Zeit waren mir drei leider völlig klischeebestätigende Bodybuilder ins Auto gefallen. Erst nach fünf Minuten Diskussion am Taxistand hatten sie eingesehen, dass ich innerhalb der Stadt keine Festpreise mache – was übrigens fast überall in Deutschland illegal ist. Wir Taxifahrer sind als Anbieter des öffentlichen Nahverkehrs an unsere Tarife gebunden wie jeder Busfahrer zum Beispiel auch.

Keine zwei Minuten später fingen sie unterwegs wieder damit an und ich durfte mir ihre niveaulosen Sprüche aufs Neue anhören. Am Ende haben sie an einer Ampel unweit des Ziels jedenfalls die Türen aufgerissen und sind stiften gegangen. Im Grunde war ich fast froh, sie los zu sein, hab aber dennoch die Polizei gerufen. Nicht, dass ich große Hoffnungen hatte – aber für den unwahrscheinlichen Fall, dass sich drei Idioten eine echte Strafanzeige wegen läppischer sieben Euro pro Person einfangen, hat sich die Aktion schon gelohnt. Doch obwohl die Cops nach gerade einmal zwei Minuten mit Blaulicht um die Ecke geschossen kamen, blieb mein Traum, dass die Spinner erwischt werden, leider unerfüllt.

Um die nicht bezahlten Fahrten ranken sich manchmal die sonderbarsten Geschichten – und die wenigsten enden damit, dass die Zechpreller davonkommen. So hatte ich einst einen Kunden, der urplötzlich unter dem Vorwand, nur etwas nachsehen zu wollen, verschwand. Sein Fehler dabei war ein denkbar dämlicher: Zuvor hatte er mit Hilfe meines Mobiltelefons einen Freund erreichen wollen.

Anstatt alles auf sich beruhen zu lassen, hab ich am Tag nach dieser Schicht die angerufene Nummer in meinem Handy ausfindig gemacht und ebenfalls versucht, diesen ominösen Freund zu erreichen. Der wollte zwar lieber erst meinen flüchtigen Fahrgast sprechen, hat aber auch zugegeben, dass es nur fair wäre, mich für meine Dienste zu bezahlen. Ich hab die Kosten fürs Telefonieren und die aufgewendete Zeit nicht einmal in Rechnung gestellt, denn der Triumph, am Ende meine paar Kröten zu sehen, war den Aufwand schon wert. Manchmal reicht es mir als Dienstleister ja schon aus, so undankbarer Kundschaft ihre Grenzen aufzuzeigen.

In ganz seltenen Fällen hat es sogar noch länger gedauert, bis ich mein Geld gesehen habe. So bei einer Tour während einer Silvesterschicht:

Ich lud am Unfallkrankenhaus eine Frau und ein durch Feuerwerkskörper leicht verletztes Kind ein und brachte beide nach Hause. Dass ihr Geld nicht ganz reichen würde, war bald klar, die Bezahlung sollte deshalb am Zielpunkt der Freund übernehmen. Der jedoch war reichlich überrascht und dummerweise vollkommen pleite. Er versprach, sich am nächsten Tag zu melden, was dann allerdings nicht geschah.

Er hatte mir zwar (obwohl das eigentlich nicht legal ist) seinen Ausweis gegeben, ich zögerte aber, zur Polizei zu gehen. Wie auch bei meiner Begegnung mit »Donald« schien mir der Aufwand wegen ein paar Euro einfach grotesk zu sein. Ans Handy ging der junge Mann auch nicht mehr, und ich ließ mit der Zeit langsam davon ab, zu versuchen, ihn zu erreichen. Nach einem Monat fragte ich etwas verunsichert meine Chefs, was ich denn für Chancen auf Bezahlung hätte mit dem Ausweis in der Hand. Die verdrehten nur die Augen.

»Ausweise! Jeder Taxiunternehmer hat irgendwo in einer Schublade zig Personalausweise von Leuten rumliegen, die sich einen Scheiß dafür interessieren!«

Also gab ich entnervt auf und überlegte, ihm den Ausweis einfach zuzuschicken. Vielleicht noch mit einem freundschaftlich-heiteren »Danke, Du Arschloch!« als Grußbotschaft anbei. Allerdings stand diese Petitesse nicht gerade an oberster Stelle auf meiner To-do-Liste, ich versprach mir ja sowieso nichts mehr davon. Doch eines Tages klingelte dann tatsächlich das Telefon und der säumige Schuldner war dran. Gegen seine Entschuldigung für das lange Schweigen ließ sich dann auch nichts sagen:

»Ich konnte nicht, ich war in U-Haft.«

Bereits am nächsten Abend haben wir uns an einer Straßenecke kurz getroffen und Geld gegen Ausweis getauscht. Arg viel näher an das, was gemeinhin Wunder genannt wird, bin ich bei zahlungsunfähiger Kundschaft bisher noch nicht herangekommen.

Eine Fehlfahrt wie aus dem Lehrbuch

Kürzlich hat eine Kundin sich extra an zwei potenziellen Fahrgästen vorbei gedrängelt und ist dann zu mir ins Auto gestiegen. Wie viel glücklicher wäre ich im Nachhinein gewesen, wenn die beiden anderen sich durchgesetzt hätten! Aber zunächst begann alles ganz locker mit meinem forschen weiblichen Fahrgast. Sie wolle zum Nöldnerplatz, erklärte sie mir – nicht betrunken, alles im Griff, super. Ich fragte sie, welchen der beiden gleich langen Wege sie bevorzugen würde, sie wählte den schnelleren und alles schien gut. Zumindest bei mir. Bei ihr eher weniger, denn in den folgenden Minuten erzählte sie unter anderem, dass ihr die Wohnung gekündigt worden war und sie nun bei einem Kumpel pennen würde. Ich brachte ein paar Betroffenheitsfloskeln an die Frau und sie dankte mir. Als ich auf der Nöldnerstraße entlangfuhr, fragte ich, ob ich links zum Platz abbiegen solle.

»Nee, hier geradeaus.«

Bis dahin noch nicht verwunderlich. Erst einen bekannten Platz ansagen, aber eigentlich in eine der Straßen dort in der Nähe wollen – das machen viele Fahrgäste. Als ich dann aber bereits mehr als einen Kilometer am eigentlichen Ziel vorbei war, fragte ich vorsichtshalber nochmal:

»Weiter geradeaus?«

»Ja, hmm, nee! Nöldnerplatz eben. Glaub, wir sind da schon vorbei.«

Ich fluchte innerlich ein bisschen, blieb aber nach außen ruhig: »Der Umweg scheint sie nicht zu stören, also lass gut sein. Ist ja mehr Geld, also was soll's?«, tröstete ich

mich in Gedanken. Sodann versuchte ich, ihr eine vernünftige Adresse zu entlocken. Klappte nicht wirklich:
»Ich kenn' die nicht genau. Aber ich war ja schon x-mal da. Ich erkenn' das Haus dann schon.«

Auch im weiteren Verlauf der Fahrt klang alles zumindest noch halbwegs gut. Sie sagte hier und da mal an, ob ich rechts oder links abbiegen soll, allerdings murmelte sie auch oft nahezu apathisch, dass ich einfach weiter, geradeaus, fahren solle. Als wir das zweite Mal nach einem Fehlstich den Platz ansteuerten, klingelten bei mir die Alarmglocken: »Diese Fahrt führt nirgends hin! Besser, wir brechen ab!«

Aber jedes Mal, wenn ich dachte, die gute Frau sei unzurechnungsfähig, wirkte sie plötzlich wieder aufgeweckt und erklärte, wie unangenehm ihr das sei, dass sie das nicht mehr so gut im Kopf hätte. Irgendwann kam sie dann mit der Nummer vier. Die Hausnummer sei ganz bestimmt die Vier. Welche Straße? Nöldnerplatz! Aber da gibt es keine Häuser …

Also fuhren wir im Schritttempo die angrenzenden Straßen ab. Mal hier lang, mal da lang und im Zweifelsfall immer weiter. Geradeaus natürlich, ist ja klar.

Die normale Fahrt zum Nöldnerplatz hätte etwa elf Euro gekostet, nun standen langsam 20 Euro auf dem Taxameter. Zudem war klar, dass allenfalls ihr Kumpel würde zahlen können. Was also sollte ich machen? Würde wie so oft am Ende doch noch alles gut werden? Wir waren schon bis zum Bahnhof Lichtenberg und zum Ostkreuz gekommen, überall zuerst aufgeregte Freude über die richtige Richtung, dann Ernüchterung. Schließlich ging's dann auf die andere Seite der S-Bahn. Victoriastadt also …

Und ausgerechnet dort waren wir offenbar richtig und meine Kundin lotste mich einen völlig hanebüchenen Weg entlang in die Kaskelstraße. Nicht zur Nummer vier, auch nicht zu einem der häufig dort anzutreffenden hübschen und denkmalgeschützten Häuser. Stattdessen eine zweistellige Nummer und dazu ein heruntergekommener Schuppen. Aber offenbar richtig. Ob ich mit hochkommen möchte, fragte sie mich – was ich ungern, aber in Ermangelung eines brauchbaren Pfandes annahm. Ich mag falsch gelegen haben, aber die von ihr mitgeschleifte Lidl-Tüte sah aus, als würde sie lediglich schmutzige Wäsche enthalten. Im nahezu verfallenen Treppenhaus erklomm sie Stufe um Stufe, Stockwerk um Stockwerk, vorbei an Wohnungstüren mit über zehn Paar Schuhen davor. Im vierten Stock schienen wir endlich am Ziel, die Tür war angelehnt. Sie bat mich, eben kurz draußen zu warten, und ging hinein.

Ich schöpfte wieder Hoffnung. Wir befanden uns hier an einer Wohnung mit Namensschild an der Tür und drinnen wartete ein offensichtlich gütiger, großherziger Mensch, der eine Obdachlose bei sich aufnimmt. Also was sollte passieren?

»Du, des is' jetzt voll scheiße: Der Marcel ist nicht da und von dem wollte ich doch das Geld …«, eröffnete sie mir, als sie erneut in der Tür stand. Aber um einen Plan war sie nicht verlegen:

»Komm doch kurz rein und schreib mir deine Nummer auf. Dann bezahle ich das morgen. Echt jetzt!«

Jaja, und eine der lila Locken vom Weihnachtsmann gibt es als Trinkgeld dazu, schon klar! Aber was macht man nicht alles. Ich hatte inzwischen eine Dreiviertelstunde meiner Arbeitszeit verschenkt und zudem würde ich im Gegenzug ja auch ihren Namen notieren können. Das wird schon! Think positive!

Ich betrat die fast unbeleuchtete Altbauwohnung und fühlte mich umgehend unwohl. Ich mag Altbauten ohnehin nicht sonderlich, aber das fahle Licht und die miserabel zusammengestellte Einrichtung ließen diese vier Wände auf mich noch unwirtlicher wirken als eine Fabrikhalle oder ein Steinbruch. Beides keine Orte, die für ihre behagliche Atmosphäre bekannt sind.

Meine Kundin verschwand kurz im nur von einem Fernseher beleuchteten Wohnzimmer, einige beschwichtigende

Worte flüsternd, kam dann wieder in den Flur und bat mich, die Küche zu betreten. Rissiges Linoleum am Boden, Kühlschrank aus den 80ern, ansonsten aber Ordnung und Sauberkeit. Eine einzelne leere Bierflasche auf der Fensterbank. Und das Licht funktionierte nicht. Die folgenden drei Minuten suchte meine Mitreisende in dem nur vom Flur aus notbeleuchteten Raum nach einem Stift, konnte aber keinen finden. Nicht in diesem Kästchen, nicht in jener Schublade.

»WAS IS!? WILLSTE JETZT AUCH NOCH DEN KÜHLSCHRANK LEERFRESSEN?«, polterte es in martialischer Lautstärke aus dem Wohnzimmer. Stimme, Tonfall und Genuschel ließen vor meinem inneren Auge einen total sympathischen Kerl erscheinen: Zwei Meter groß, 50 Kilo Übergewicht, Glatze und 17 Bier intus. Na, was für eine heitere Gesellschaft!

»Nee, ich such nur 'nen Stift!«

»IM KÜHLSCHRANK, ODER WAS?«

Meine Fresse!

Letztlich war ich es, der zufällig einen Stift für sie sichtete, und kurz darauf verlangte ich ihren Ausweis.

»Hab ich nicht mehr.«

»Irgendwas anderes?«

»Nix …«

Die Sache war gelaufen, und mein Geld konnte ich abschreiben. Das stand jetzt fest. Von ihr hatte ich keinen überprüfbaren Namen und die Wohnung gehörte ihr ganz offensichtlich auch nicht. Obwohl ich damit drohte, stellte ich es mir erbärmlich vor, wie ich tags drauf mit der Polizei vor der Tür stehen und irgendein misanthropischer Hool brüllen würde: »WAT FÜR'N WEIB? KENN ICK NÜSCHT!«

Eine knappe Stunde Arbeits- und Lebenszeit waren das. Auf dem Taxameter standen 25,80 Euro, die ich nie sehen würde. Denn natürlich hat sich die Frau nicht mehr gemeldet und sie wird es auch nie tun.

»Bezahlen«

Es gibt zweifelsohne Berufe, die sexier sind als Taxifahrer, aber unsere Nähe zur Kundschaft nimmt bisweilen sonderbare Züge an, Küsse sind da nicht alles.

Bevor ich mehr erzähle, muss ich nochmal eines klarstellen: Ich bin nicht nur liiert, sondern sogar glücklich verheiratet. Die meisten einschlägigen Angebote lehne ich schon deswegen ab. Ein Kuss mag ausnahmsweise mal vorkommen, es eint meine Frau und mich die Gewissheit, dass kein dahergelaufener Fahrgast auch nur den Hauch einer Chance hätte, unsere jahrelange Beziehung dadurch zu gefährden. Tatsächlich aber wird man als Taxifahrer hier und da zu deutlich intimeren Stelldicheins gebeten.

Sicher, vielfach sind das harmlose Sprüche aus nicht mehr nüchternen Mündern, und man tut gut daran, das nicht allzu ernst zu nehmen. So wurde mir vor einiger Zeit angeboten, gegen ein Entgelt von symbolischen 50 Cent das Bett einer jungen Dame zu machen. Aber nicht alles ist nur spaßig gemeint. Einladungen zu Speis und Trank sind verhältnismäßig häufig, aber selbst welche zum Beischlaf kommen vor. Und das sage schon ich aus Erfahrung, obwohl ich erkennbar kein Ebenbild George Clooneys bin.

Eine Kundin verdrückte mal dezent ein Tränchen und hauchte nach einem Kuss: »Geh nicht!«, andernorts erläuterte mir ein Fahrgast während des Christopher-Street-Days ausführlich, dass er sich alle in Frage kommenden Körperpartien bereits vorsorglich eingecremt hätte. Und auch ein enttäuschtes »Schade, eigentlich wollte ich heute noch ficken!« habe ich schon vernommen, während mich im Rückspiegel die Augen einer jungen Dame fragend anblickten.

Doch das ist beileibe nicht an der Tagesordnung und meist kann man sich solchen Anfragen auch problemlos entziehen:

»Kannst du die Uhr ausmachen?«

»Nein.«

»Willst du ficken?«

»Nein.«

So einfach ist das.

Aber es gibt Ausnahmen, die lassen sich schwieriger handhaben. Zum Beispiel, wenn die Protagonisten nicht in der Lage sind, klare Worte zu benutzen, und es zudem ums Begleichen des Fahrpreises geht. Das »Bezahlen in Naturalien« soll schon einigen Kollegen angeboten worden sein, über angenommene Deals schweigen sich erstaunlicherweise alle aus. Meine einzige Erfahrung auf diesem Sektor beruhte überwiegend auf einem Kommunikationsproblem:

Ich stand mit einem Kollegen wartend am Taxistand. Während wir uns unterhielten, kam eine Frau auf uns zu und fragte, ob einer von uns sie zur Landsberger Allee bringen wollte. Nicht die beste Tour der Nacht, aber wir befanden uns ein Stückchen weiter hinten in der Schlange, so dass wir beide nickten. Daraufhin meinte sie: »Jetzt ist es aber so: Mir wurde der Geldbeutel geklaut. Ich hab also kein Geld dabei. Könntest du mich nach Hause bringen, da kann ich dich dann bezahlen. Und dann könnten wir gleich weiter zum Zoo fahren. Wäre das in Ordnung?«

Ich glaube bis heute, dass man eine sehr ausgeprägte schmutzige Fantasie haben muss, um darin ein unmoralisches Angebot zu erkennen. Beinahe täglich steigen Leute in mein Taxi und bitten um Stopps zu Hause, an einer Bank oder bei Freunden, um die Rechnung begleichen zu können. Warum also hätte ich misstrauisch sein sollen?

Sicher, Geschichten von geklauten Geldbeuteln lassen die eine oder andere Alarmglocke klingeln, aber die Umstände waren an sich unspektakulär und mit der Weiterfahrt zum Zoo wäre das eine absurd gute Fahrt von locker 30 Euro geworden.

Dass wir das Wort »bezahlen« jeweils geringfügig anders definierten, offenbarte sich nach dem ersten Kilometer. Da fragte sie mich plötzlich, warum das Taxameter laufen würde.

»Na, wir fahren ja schließlich.«

»Aber ich hab doch gesagt, dass ich dich bei mir zu Hause bezahle!«

»Äh, und? Wir müssen ja wissen, wie hoch der Preis ist.«

Ich kramte in meiner Verzweiflung sogar noch die alte Mär vom Chef hervor, der merken würde, wenn ich die Uhr ausstellte. Was in meinem Fall eiskalt gelogen war, denn diese durchaus in manchen Unternehmen anzutreffende engmaschige Überwachung gab es bei uns nicht. Sie aber sagte mit Entsetzen in der Stimme:

»Aber dann will dein Chef doch das Geld von dir! Da machst du ja Miese bei! Ich wollte dich doch zu Hause bezahlen und dann weiter zum Zoo. Ich weiß nicht, ob du das richtig verstanden hast.«

»Okay, ich glaube, wir haben hier in der Tat ein Kommunikationsproblem.«

Eine eigene Schuld an diesem Missverständnis kann ich aber bis heute und auch bei mehrfachem Überdenken des Sachverhaltes nicht ausmachen. Ich war nun einmal Taxifahrer und im Rahmen dieser Tätigkeit bedeutete bezahlen eigentlich immer, dass mir meine Kundschaft Geld gab. Bei weiterführenden Zusatzvereinbarungen hätte ich erwartet, entsprechende Informationen zu bekommen. Aber die erhielt ich selbst jetzt nicht. Sie sagte stattdessen allen Ernstes Sätze wie: »Ich bezahle dich, aber nur mit Gummi, okay?«

Was hätte ich da noch tun sollen? Eine einfache Umrechnung des Taxitarifs in sexuelle Dienstleistungen existiert nun mal nicht. Das war schon bei Fremdwährungen immer schwierig, aber dieser Fall sprengte meine Vorstellungskraft.

»So, herhören! Das mit dem Bezahlen lassen wir jetzt mal! Du hast kein Geld, scheiß Geschichte! Du willst zur Landsberger? Okay, die paar Meter bring' ich dich noch und dann ist gut. Zum Zoo musst du dann irgendwie allein kommen.«

Natürlich hätte ich sie umgehend vor die Türe setzen können, aber man ist ja kein Unmensch. Wider Erwarten haben wir uns auch auf den nächsten Metern weiter unterhalten, vermutlich hatte sie meine klaren Worte nicht so recht verstanden. Als wir nämlich bei ihr auf den Hof fuhren, fing sie abermals an:

»Fahr mal da hinten auf den Parkplatz. Da ist es auch dunkel. Wird ja ein bisschen dauern, oder?«

Ich frage mich bis heute, was sie für eine Antwort darauf erwartet hat, aber ich hab's nicht rausfinden wollen:

»Hey, nix da! Ich dreh' hier gleich wieder um. Ich muss nämlich heute noch ein bisschen Geld verdienen!«

»Aber, aber, nein! Ich wollte dich ja schon bezahlen!«

Für die hellste Leuchte östlich von Erichs Lampenladen hatte ich sie von Anfang an nicht gehalten, aber als sie sich dann allen Ernstes mit »Schade!« verabschiedete, wusste ich wirklich nicht mehr, was ich davon halten sollte. Es mag ja meinetwegen noch eine fiese Masche von ihr gewesen sein, sich auf diese Art Taxifahrten zu erschleichen. Aber dass sie sich nicht wenigstens gefreut hat, um die »Bezahlung« herum zu kommen … Noch Wochen später zuckte ich innerlich zusammen, wenn Fahrgäste mir erklärten, wie und wo sie mich nach der Fahrt bezahlen würden.

Aber an besagter Dame hätten wenigstens Germanistikprofessoren mit seltsamen Neigungen zu Metaphern und Synonymen ihre Freude gehabt. Glücklicherweise sind die Begegnungen mit Menschen, die an Taxifahrern interessiert sind, sonst überwiegend heiterer Natur. Bei verschiedensten Avancen vertaten sich die Leute mit meiner oder – aufgrund überhöhten Alkoholgenusses – sogar mit der eigenen sexuellen Orientierung, überschätzten mein Interesse an Sex während der Arbeitszeit oder die Geräumigkeit meines Autos. Die meisten ließen sich durch einen lockeren Spruch wieder beruhigen – und in allen Fällen konnte die Fahrt weitergehen.

Im Taxi eines Kollegen verfiel ein ebenfalls alkoholisierter Fahrgast auf den wenig überzeugenden Deal, der Taxifahrer könne ihm ja einen blasen – vorausgesetzt, er würde dafür auch etwas zahlen.

Und ein schottisches Pärchen, das mich hartnäckig zu einem Drink in der Hotelbar – und anschließendem Mitkommen aufs Zimmer – einzuladen gedachte, wischte sogar meine Bedenken bezüglich des Trinkens von Alkohol mit anschließendem Autofahren beiseite: »You have to try it. We always do so!«

Wie man sieht, ist dieses Kapitel geprägt von der Offenheit der Kundschaft nachts in einer freizügigen Großstadt. Aber natürlich ist das Thema Sex vielerorts ein heißes Eisen, das zu schmieden nicht jeder in der Lage ist. So hatte ein weiterer Kollege dereinst die vermutlich schlimmste Fahrt seines Lebens, obwohl er – eigentlich schmeichelhaft – nur einen Kuss bekommen hatte. Er fuhr mit einem weiteren Fahrer im Konvoi, mehrere Mädels in seinem Wagen, die dazugehörigen Männer im anderen. Eine der Frauen hat sich wohl ziemlich an ihn herangeschmissen, was er damit quittierte, dass er sein Desinteresse offen zur Schau stellte und außerdem wie zufällig energisch mit jenem Finger aufs Lenkrad trommelte, an dem für alle sichtbar sein Ehering prangte. Aber just während er neben dem zweiten Taxi an einer Ampel stand, beugte sich seine Begleiterin zu ihm herüber und begann, so der Kollege wortwörtlich, ihn »abzuschlecken«. Im Folgenden wäre es beinahe zu einer unschönen Schlägerei mit der Begleitung der jungen Frau gekommen, die die beiden Fahrer nur mit äußerster Not verhindern konnten.

Wie ich bereits schrieb: Unsere Nähe zur Kundschaft treibt bisweilen sonderbare Blüten. Man sollte das allerdings nicht überbewerten. Ebenso wie viele andere Dienstleister erleben wir Taxifahrer unsere Kundschaft auch gelegentlich in extremen Situationen. Und auf jede anzügliche Person kommen mindestens vier Leute, die von zu vielen Drogen körperlich am Ende sind, zwei streitende Pärchen und dreimal Gemecker über den Preis. Es ist nur eine Nebenseite des Berufes, die aber natürlich von allen Journalisten bei jedem Interview erneut in den Mittelpunkt gestellt wird. Die Entscheidung, ob man Taxifahrer werden will, sollte man vielleicht doch besser von anderen Faktoren abhängig machen.

Warum Taxen so teuer sind

Einige Male erzähle ich in diesem Buch von »improvisierten« Bezahlvorgängen. Das Hauptthema lautet allerdings: Warum ist Taxifahren überhaupt so teuer? Und kann man da nicht was machen am Preis?

Die zweite Frage ist recht einfach zu beantworten: Nur, wenn es nach außerhalb geht. Innerhalb des sogenannten Pflichtfahrgebietes sind wir Taxifahrer an unsere Tarife gebunden. Das wirft Fragen auf. Oder wie sich mal ein Jugendlicher betont eloquent ausdrückte:

»Wo soll'n der Scheiß stehen? Taxifahrergesetz, oder was?«

Quasi. Taxitarifordnung genau genommen. Und im Personenbeförderungsgesetz. Wir Taxifahrer denken uns unsere Preise nicht einfach selber aus wie sonst eigentlich alle Dienstleister da draußen. Die werden mit der jeweils zuständigen Behörde ausgehandelt, denn wir sind ebenso wie Bus und Bahn öffentlicher Nahverkehr. Und das ist gar nicht mal so unvernünftig, wie es im ersten Moment scheint. Festgelegte Tarife sorgen ja nicht nur dafür, dass wir Taxifahrer (mehr schlecht als recht, aber immerhin) von unserer Arbeit leben können. Sie gewährleisten auf der anderen Seite auch, dass man die Kosten vorher abschätzen kann und dass wir nicht irgendwelche Mondpreise verlangen dürfen, nur weil uns eine Laus über die Leber gelaufen ist. Als Kunde denkt man natürlich selten daran, dass die Preise fürs Taxifahren noch höher sein könnten, weil es gefühlt ja ohnehin schon unverschämt teuer ist. Wenn man sich jedoch als Taxifahrer mit den Kosten und dem eigenen

Lohn auseinandersetzt, wirkt es gar nicht mehr so abwegig, mal einen Aufpreis zu verlangen.

Aber wie gesagt: Innerhalb des Pflichtfahrgebietes (das ist meist identisch mit der jeweiligen Stadt oder dem Landkreis) müssen sich sowohl Kunden als auch Fahrer an die Tarife halten. Auch wenn eine der beiden Seiten sicher immer was daran auszusetzen hat. Geht die Fahrt über diese Grenzen hinaus, ist es üblich, dass die Preise Verhandlungssache sind.

Was bei langen Fahrten aber oftmals dazu führt, dass mehr bezahlt werden muss, als es nach Taxameter der Fall wäre. Warum? Nun, wir Taxifahrer dürfen außerhalb des Pflichtfahrgebietes keine Kunden aufnehmen, also müssen wir leer zurückfahren. Das kostet uns Arbeitszeit, Sprit und Verschleißkosten, so etwas lassen wir uns nach Möglichkeit vergüten. Außerdem – wie der Name Pflichtfahrgebiet nahelegt – besteht für uns keine Verpflichtung, jemanden woanders hin zu bringen, insofern bleibt uns bei der Verhandlung gegebenenfalls noch das Totschlagargument »Dann halt nicht!«.

Aber genug der Spezialfälle und Ausnahmen! Warum kosten Taxis so viel? Die Antwort ist einfach: Weil es nun mal verdammt teuer ist, ein Auto inklusive Fahrer so bereitzuhalten, dass es binnen kurzer Zeit zur Verfügung steht.

Aus Kundensicht spielt sich der ganze Vorgang so ab: Man winkt sich ein Taxi heran, das da gerade die Straße entlangtuckert. Nach zehn Minuten und vier Kilometern steigt man aus und soll dafür einen Zehner berappen. Das ist erst einmal happig. Das war höchstens Sprit für 30 Cent – also hat der Fahrer in diesen paar Minuten über neun Euro verdient. Das muss ja ein Bombengeschäft sein! Ist es natürlich nicht.

Es beginnt damit, dass jemand das Auto bezahlen muss. Wer tut das? Die Fahrgäste natürlich! Wie überhaupt alles, was ich im Folgenden aufzähle. Die Fahrgäste sind für einen Taxiunternehmer die einzigen, die alles finanzieren. Kleine Ausnahmen wie ein bisschen bezahlte Werbung auf dem Auto bestätigen hier nur die Regel.

Der Anschaffungspreis des Autos ist zugegeben nur ein kleiner Teil der Gesamtrechnung. Nach ein paar hunderttausend Euro, die ein Taxi im Normalfall einfahren sollte, fällt die Kaufsumme nicht übermäßig ins Gewicht. Spannender sind da die laufenden Kosten und die beginnen zunächst einmal mit Menschen wie dem Autor dieses Buches: den Fahrern. Ein Großteil der Taxikosten sind Personalkosten. Tatsächlich verdiene ich, wenn man bei mir im Auto sitzt, an einer Zehn-Euro-Tour knapp die Hälfte. Mit Lohnnebenkosten sogar ein bisschen mehr.

Aber Taxifahrer verdienen doch angeblich so schlecht – wie verträgt sich das mit fünf Euro Lohn für gerade einmal zehn Minuten Arbeitszeit? Auch hier ist die Antwort einfach: Es sind für den Fahrer eben nicht nur zehn Minuten, sondern im Durchschnitt eher eine halbe bis ganze Stunde.

»Aber du fährst doch eh in die Richtung!«, höre ich dann. Was der Fahrgast nicht sieht, ist, dass ich das Auto erst einmal zu ihm bringen musste. Vielleicht habe ich es vom Firmensitz bis in die Innenstadt gefahren, vielleicht nur vom nächsten Taxistand aus. Vielleicht war ich auch schon seit einer halben Stunde unterwegs in der Hoffnung, endlich einen Kunden zu finden. Eventuell habe ich einfach irgendwo gewartet oder war mit dem Auto in der Waschanlage. Dass wir direkt im Anschluss an eine Fahrt die nächste bekommen, ist leider eher die Ausnahme. Das ist vermutlich von Stadt zu Stadt unterschiedlich, aber gerade das Beispiel Waschanlage zeigt, dass man mit dem Fahrpreis immer ein bisschen mehr bezahlt, als man im Moment der Fahrt mitbekommt.

Während eine Fahrt also dem Fahrer mindestens eine halbe Stunde Lohn und Brot bescheren sollte, muss zudem das Auto in Schuss gehalten werden. Taxen müssen gewartet, gepflegt und repariert werden. Darüber hinaus erfordert das Führen einer Firma Arbeitszeit, die auch jemand zu bezahlen hat. Ob das jetzt der selbstfahrende Unternehmer ist oder wie in meinem Fall die Chefs einer größeren Firma sind, ist im Prinzip egal. Irgendwer muss Abrechnungen machen, Öl und Scheibenputzzeug kaufen und die Winterreifen montieren. Und bezahlt wird das alles anteilig von den zehn Euro, die der kleine Ausritt ums Eck gerade gekostet hat. Darüber hinaus sind Versicherungen für die gewerbliche Personenbeförderung weit teurer als die für Privatwagen und wir müssen häufiger zum TÜV.

Am Ende sieht es dann so aus, dass keiner der Beteiligten reich wird und Taxifahren weiterhin eine recht teure Angelegenheit ist. Wir können unsere Kosten eben nicht auf durchschnittlich 20 oder 200 Leute gleichzeitig umlegen, wie es andere Anbieter des öffentlichen Nahverkehrs tun. Und im Wissen, dass mein Chef am Ende aus dem Zehner vielleicht 50 Cent Gewinn rausziehen kann, ist für mich der Deal »Mach doch acht Euro ohne Uhr!« irgendwie nicht mehr so reizvoll. Schließlich habe ich – auch wenn es für einige schwer vorstellbar ist – als Angestellter ein Interesse daran, dass das Unternehmen, das mich beschäftigt, nicht pleitegeht.

Andererseits gibt es dann noch die Kunden, die selten ein Taxi ordern und wirklich gar keine Ahnung von unseren Preisen haben. Vielen, die einen Festpreis aushandeln wollen, geht es nicht einmal ums Geldsparen, sondern sie haben schlicht Angst vor etwaigen Fantasiepreisen. Da weigern sich manche, von ihren 20 Euro Festpreis abzuweichen, obwohl ich ihnen sage, dass die Fahrt zwischen 15 und 18 Euro kosten wird.

Eine Frau hielt mich einmal an der Andreasstraße unweit des Ostbahnhofes an und stammelte angsterfüllt, sie müsse erst einmal sehen, ob ihr Geld für die Fahrt reichen würde. »Ich hab nämlich nur noch 36 Euro …«, ließ sie verlauten. An dieser Stelle war ich gespannt auf das Fahrtziel, denn zu diesem Preis, da war ich überzeugt, ginge es weit nach außerhalb. Wie oft schließlich wurde ich schon gebeten, für 25 oder 30 Euro in diesen oder jenen Vorort zu fahren. »Was für ein schönes Ende für eine Schicht!«, dachte ich bei mir.

»Zur Charité müsste ich. Reicht das?«

»Gute Frau«, entgegnete ich ziemlich überrascht, »mit Ihren 36 Euro kommen wir zur Charité, dann wieder bis hierher und anschließend noch einmal zur Charité.« Und für eine weitere Rückfahrt hätte es vermutlich auch noch gereicht.

Von Touristen wurde ich sogar einmal gefragt, ob ein Hunderter von Kreuzberg nach Prenzlauer Berg genug wäre. Tatsächlich handelte es sich in diesem Fall um eine Fahrt für unter 20 Euro …

Eine Taxifahrt ist also oft gar nicht so teuer, wie man vermutet. Zumal wenn man nicht alleine unterwegs ist. Gerade junge Touristen, die trotz ausschweifender Clubnächte ein bisschen aufs Geld achten müssen, habe ich schon häufig zu Preisen transportiert, die sie in Bus und Bahn auch hätten bezahlen müssen.

Nun möchte ich noch ein Geheimnis verraten. Und zwar, wie wir ohne Probleme die Taxikosten zum Beispiel in Berlin um beinahe die Hälfte senken könnten. Das ist nämlich vom Prinzip her ganz einfach: Wir müssten die Auslastung verbessern. Hätte ich pro Stunde zweieinhalb Touren statt nur eineinhalb, ginge das (fast) für die Hälfte des Preises. Das Problem dabei ist Folgendes: Die Taxis würden im Schnitt länger zur Kundschaft brauchen. Einfach schnell eines heranzuwinken, würde dann selbst in Berlin nur noch selten funktionieren. Schlimmer noch: Zu Stoßzeiten wäre viel öfter als jetzt schon überhaupt kein Taxi verfügbar. Und genau diese Verfügbarkeit ist auch ein Teil unserer Aufgabe im Rahmen des öffentlichen Nahverkehrs.

Es ist also auch die eigene Zeit, die man sich mit einem hohen Taxipreis erkauft, das sollte man durchaus mitbedenken. Dass Taxis »einfach da sind«, ist nicht gottgegeben, sondern Teil dieses Deals, zu dem auch der Preis gehört.

Ich pflege zu sagen, dass sich natürlich der Kunde an jeder Ecke einen wartenden Taxifahrer wünschen würde, gleichzeitig aber auch der Taxifahrer an jeder Ecke einen zahlenden Kunden. Dass das nur funktionieren kann, wenn wir alle Vollzeit-Taxifahrer oder Vollzeit-Taxikunden wären, liegt auf der Hand. Und ob das besser wäre als etwas höhere Taxipreise, wage ich zu bezweifeln.

Das gefürchtete Taxameter

Das Taxameter: Was zählt es eigentlich und warum brauchen wir so etwas? Die Antworten auf diese Fragen sind ein eigenes Kapitel wert.

Dieses psychologisch schwierige Bauteil meines Autos, genannt Taxameter, ist nicht gerade ein Quell der Freude für die Fahrgäste. Auch bei den wenigen Fahrten, die ich selbst als Gast auf der Rückbank eines Taxis verbracht habe, fragte ich mich immer: »Bis wohin wird dieses Drecksding am Ende zählen?« Denn kaum guckt man nach ein paar Metern drauf, werden da schon gleich zweistellige Beträge angezeigt.

Jetzt, wo ich selbst Taxifahrer bin, sitze ich »auf der anderen Seite« – und frage mich stattdessen, warum es denn nicht schneller zählt. Aber auch als Fahrgast habe ich die Angst deutlich verloren. Weshalb? Ganz einfach: Weil ich inzwischen bestens informiert bin, wie meine Leser nach diesem Kapitel hoffentlich auch.

Zunächst sollte man sich klarmachen, dass Taxameter zumindest hierzulande nichts Geheimnisvolles sind, sondern zu den mit ziemlicher Sicherheit am besten überwachten Geräten gehören. Sie dienen der Ermittlung des offiziellen Taxitarifs und sind somit recht verlässlich. Denn einerseits sind die Tarife auf Fairness bedacht ausgehandelt worden, andererseits werden die Taxameter aufgrund ihrer Bedeutung fürs Gewerbe jährlich frisch geeicht.

Es soll zwar vereinzelt Fälle von Manipulationen geben, aber das ist meines Wissens wirklich ein Nischenphänomen, dem man als gelegentlicher Taxikunde keine große

Aufmerksamkeit schenken muss. Und die zuständigen Behörden sehen eine solche Manipulation ohnehin nicht als Kavaliersdelikt an.

Dennoch haben unzählige Fahrgäste den scheinbar tiefsitzenden Impuls, mit uns Taxlern einen Festpreis auszuhandeln. Um ehrlich zu sein: Ich glaube, dass dem Taxigewerbe jährlich zigtausende (wenn nicht Millionen) Euro in die Kassen gespült werden, weil Fahrgäste die jeweiligen Fahrer zu illegalen Festpreisen »überreden«, die höher sind als der Tarif. (Und im Gegenzug werden diese zigtausend Euro oft der Staatskasse vorenthalten, da solch eine – in der Regel – unprotokollierte Fahrt fast schon einer Aufforderung gleicht, sie in der Abrechnung »aus steuerlichen Gründen« nicht zu berücksichtigen.)

»Lass die Uhr aus, ich geb' dir'n Zwanni!«, so lautete beispielsweise mal die Ansage eines Kunden. Ich hab die Uhr nicht ausgemacht, am Ende hat die Fahrt 11,20 Euro gekostet. Und an diesen speziellen Fall erinnere ich mich nicht der Differenz wegen, sondern vor allem, weil der Fahrgast so nett war und mir am Ende trotz angeschaltetem Taxameter den Zwanziger gegeben hat. Ein willkommenes Trinkgeld – und für mich als Angestellten völlig legal steuerfrei.

Zurück zum bedrohlichen Hochzählen der Uhr. Wenn man unsicher ist, kann man entweder den Taxifahrer fragen, was es kosten wird, oder – wir leben im digitalen Zeitalter, liebe Leute! – man kann kurz die Fahrtstrecke ergoogeln und einen der vielen Taxirechner im Internet anschmeißen.

Natürlich ist »das Ding da« erst einmal komisch. Aber im Prinzip zählt es verdammt vorhersehbar weiter. Wenn man weiß, wie. Tatsächlich werde ich oft gefragt: Was zählt das Taxameter denn nun? Weg oder Zeit? Besonders niedliche Antworten auf diese Frage boten zum einen zwei

Kinder, von denen eines vermutete, immer an Ampeln würden 20 Cent hinzukommen; zum anderen eine Truppe betrunkener Jugendlicher, deren Oberheld erklärte, es würde die aktuellen Himbeerpreise anzeigen. Beides hat mit der Realität, wie unschwer zu erraten ist, nichts zu tun.

Taxameter zählen entweder nach zurückgelegter Strecke oder nach Zeit. Beides nach Regeln, die der jeweilige Taxitarif hergibt. Jeder Tarif hierzulande hat einen Kilometerpreis und einen Wartezeitpreis. Das ist schon mal das Wichtigste. Von diesen wird aber immer nur einer gezählt. Taxameter sind noch nicht so weit in der computerisierten Welt von heute angekommen, in der man komplizierte Durchschnitte »on the fly« errechnet. Schwierig dabei ist lediglich, dass in den meisten Orten der Wartezeittarif nicht erst im Stillstand aktiviert wird, sondern sobald er höher ist als der Kilometertarif – das alleine sorgt dann dafür, dass Fahrten je nach Verkehrslage unterschiedliches Geld kosten, obwohl die Strecke die gleiche ist. Die Geschwindigkeiten, bei denen umgeschaltet wird, liegen meiner Erfahrung nach meist irgendwo zwischen fünf und zwanzig Stundenkilometern. Das oft gehörte Vorurteil, Taxifahrer würden extra langsam fahren, um mehr Geld zu verdienen, scheitert da an der Wirklichkeit. Denn mit weniger als ’20 (oder gar fünf!) Kilometern pro Stunde durch die Stadt zu zuckeln, wird sich zum einen kein Taxifahrer antun, noch wird sich irgendein Fahrgast finden, der das einfach hinnimmt. Ganz davon abgesehen, dass bei extrem langsamer Fahrt auch die Chance des Fahrers verspielt werden würde, recht schnell eine neue Tour zu bekommen und innerhalb einer gewissen Zeit deutlich mehr Plus zu machen als die paar Cent, um die es bei einer solchen Verzögerungsaktion letztlich gehen würde.

Hier in Berlin verhält es sich noch einfacher. Wir haben eine so genannte »Wartezeitunterdrückung« von einer Minute, was im Klartext bedeutet, dass unsere Taxameter nur die gefahrenen Kilometer berechnen und erst nach einer Minute Stillstand (erfahrungsgemäß gibt es kaum Ampeln, die so lange rot sind) anfangen weiterzuzählen. Mir ist es schon gelungen, häufig gefahrene Strecken von gut zehn Kilometern Länge auf den Cent genau vorherzusagen.

Zusätzlich zu den genannten Zählweisen kommen nur noch fixe Kosten wie der überall vorhandene Einstiegspreis und eventuell Zuschläge. Auch diese Daten sind selbstverständlich in den Taxitarifen enthalten und öffentlich einsehbar. In den Taxis gibt es Aufkleber mit Kurzformen, die ausführliche Version muss der Fahrer meist mitführen – von den vielfältigen Möglichkeiten, sich im Internet, bei Behörden oder Taxizentralen zu informieren, mal ganz abgesehen.

Sofern man will, kann man die Kosten einer Taxifahrt also vorab ziemlich genau eingrenzen, spätestens aber beim Einstieg. Keine Magie, kein Voodoo, nur ein Tarif!

Für alle Leser, die sich vor dem Taxameter gruseln oder nicht die Möglichkeit haben, den Preis vorher in Erfahrung zu bringen: Fragen Sie doch, sobald Sie sich sorgen! Der Taxifahrer wird das meist ganz gut einschätzen können.

Und niemals vergessen: Am Anfang läuft es immer schneller! Wegen des Einstiegspreises (in Deutschland zwischen ca. 1,80 und 5,50 Euro – teilweise mit Inklusivkilometern) und der fast überall vorhandenen Staffelung, die die ersten Kilometer teurer macht (in Berlin kosten beispielsweise die ersten sieben Kilometer 1,79 Euro, die folgenden nur noch 1,28 Euro, Stand: 2014), kommt es am Ende nie so dick, wie man noch nach den ersten Metern vermutet.

Kotzen im Taxi

Wir hatten es eigentlich schon geschafft. Es waren ungelogen keine fünf Meter mehr bis zu ihrem Hotel, als ich diese Geräusche vernahm, auf die jeder Taxifahrer gerne zu jeder Zeit verzichten würde. Der Protagonist dieses Schauspiels war einer von zwei total netten Jungs, die ich, obwohl sie reichlich angeschlagen waren, vom »Matrix« in Friedrichshain bis ins für die Fahrten von diesem Club extrem ferne Charlottenburg gebracht habe. Die Laune im Auto war gut, die beiden waren dänische Touristen – die üblichen Partygänger, wie sie sich Woche für Woche in Berlin tummeln. Ich hatte sie sogar mit meinem schlauen Sprüchlein belehrt, das bis jetzt noch bei jedem Fahrgast für Erheiterung gesorgt hat: »Wenn ihr kotzen müsst, dann bitte draußen! Das Auto für fünf Minuten anhalten kostet zwei Euro, ins Auto reihern zweihundert – entscheidet euch!«

Ja, kotzen im Taxi ... Etwas, das in meinen Augen als viel zu normal angesehen wird. Nicht nur, dass viele Fahrgäste in den heitersten Situationen immer wieder fragen, ob oder wie oft mir das schon passiert sei – manchmal sind es sogar die Kotzer selbst, die anschließend überheblich irgendwelchen Stuss von wegen Berufsrisiko labern und dass ich mit so etwas halt zu rechnen hätte.

Mal im Ernst: Bitte was? Ich bin ein echt gutmütiger Kerl mit einem Magen, der abgesehen von gelegentlichem Sodbrennen top in Ordnung ist. Ich kann Leuten beim Kotzen zusehen, ich kann das wegputzen. So gesehen bin ich belastbarer als viele empfindliche Kollegen. Aber das ändert überhaupt nichts daran, dass ich absolut keine Lust habe, mir diese eklige Aufgabe für meinen kargen Lohn anzutun. Aus gutem Grund habe ich mich entschieden, Taxi zu fahren – und es wäre mir eben nicht in den Sinn gekommen, beispielsweise in den angesagten Clubs die Klos zu putzen. Ich hab eine Menge Respekt vor Menschen mit Reinigungsjobs, aber ich bin froh, dass das nicht meine Aufgabe ist. Meine Arbeit besteht darin, Leute von A nach B zu bringen. Dabei bin ich sogar durchaus gerne und freiwillig Kofferträger, Alleinunterhalter, Stadtführer, Seelenklempner, Pädagoge, Diskussionspartner und vieles mehr. Beim Wegschaufeln von Auswurf ist aber eine Grenze erreicht.

Die Taxitarifordnung umfasst keinen eigenen Paragrafen für kotzende Fahrgäste, denn so etwas ist ein außerordentlicher Zwischenfall und im Normalfall durch einen Gerichtsprozess wegen Sachbeschädigung oder dergleichen zu klären. Zumal von meinem eigenen Verschulden nur schwer gesprochen werden kann, solange ich als Taxifahrer eine Beförderungspflicht habe. Für selbige gibt es eine einzige hier in Frage kommende Ausnahme, und die gebe ich gerne im Wortlaut wieder: »[...] können sie die Beförderung ablehnen, wenn Tatsachen vorliegen, die die Annahme rechtfertigen, daß die zu befördernde Person eine Gefahr für die Sicherheit und Ordnung des Betriebs oder für die Fahrgäste darstellt.« (BOKraft §13)

Bei einem derartigen Gummiparagrafen (»wenn Tatsachen vorliegen, die die Annahme rechtfertigen« – ehrlich?) verlasse ich mich ungern auf die Gunst eines Richters, wenn er darüber zu entscheiden hat, ob ich eine betrunkene Person zu Recht nicht mitgenommen habe. Zumal es erfahrungsgemäß eher die vorerst unscheinbaren Gesellen sind, die dann den größten Ärger machen.

In meinem netten Sprüchlein nenne ich 200 Euro als Kostenpunkt, das reicht in der Regel als Abschreckung.

Ansonsten ist der Betrag willkürlich gewählt und bezieht sich nur auf Leute, die keinen Ärger machen und einfach sofort bezahlen, damit nicht wirklich noch ein unnötig teurer Prozess geführt werden muss. Und selbst dann ist nicht auszuschließen, dass es auch mal mehr sein kann. Die meisten Fahrgäste gucken ungefähr so wie mein Auto, wenn ich diesen Betrag nenne.

»WAS? SO VIEL?«

Ja, allerdings. Und zwar für einen einfach gelagerten Fall. Damit meine ich, dass nicht etwa jemand zielsicher mit seinen Magensäften die Lüftung oder das Autoradio außer Gefecht gesetzt hat, sondern dass es mit Polster- und sonstiger Oberflächenreinigung sowie vielleicht einem Waschanlagenbesuch getan ist. Meistens muss man dazu nämlich ein paar Kilometer hin- oder herfahren, um dieses oder jenes Reinigungsmittel zu erstehen. Das ist Zeit ohne Umsatz. Außerdem setze ich für derartige Arbeiten einen höheren Stundenlohn an als das, was mir vom Taxameter her ohnehin zustehen würde. Und ich bin da mit grob veranschlagten 15 bis 20 Euro recht günstig. Mein Chef, ein ansonsten sehr humaner und netter Mensch, hält eigentlich nicht viel davon, dass wir Fahrer diesen üblen Job selbst übernehmen. Er hat dafür eine Firma an der Hand, die erledigt solche Aufgaben professionell mit einigem Erfahrungshintergrund. Deren Preise beginnen erst bei 400 Euro, und dazu kommen dann gleich bis zu drei oder vier Schichten Verdienstausfall. Über die da auflaufenden Beträge muss man freilich ohne Anwalt gar nicht miteinander reden. Ein Kollege hat das einmal bei wahrlich unverschämter Kundschaft bis zum Ende durchexerziert und vom Gericht satte 1.600 Euro zugesprochen bekommen.

Überhaupt wird oft vergessen, dass das Taxi natürlich erst wieder einsatzbereit ist, wenn auch der Geruch sich verflüchtigt hat. Denn, Hand aufs Herz, wer würde gerne in ein Taxi einsteigen, in dem man deutlich riecht, dass sich dort vor Kurzem jemand übergeben hat? Eben.

Mein erster Fall, der mich nach einem Dreivierteljahr Dienst traf, war so gesehen vorbildlich. Es war die Frau eines renommierten Arztes, die beim Einstieg noch putzmunter war, aber bereits nach zwei Kilometern, ohne etwas anzukündigen, versucht hat, aus dem Fenster zu spucken. Mit dem Ergebnis, dass ich die Soße inklusive Fruchtstückchen aus ihren Cocktails anschließend außen am Auto, innen und sogar im Schlitz der Scheibe zusammensuchen durfte. Ihr ebenfalls anwesender Ehemann war wirklich freundlich und hat sogar versucht, außen am Auto ein wenig herumzuwischen, was aber ehrlich gesagt überhaupt nichts gebracht hat. In der Waschanlage hab ich das Gröbste innen abgewischt und bin dann erst einmal zu mir nach Hause, weil ich dort wesentlich mehr Reinigungs- und Hilfsmittel hatte, die mich mehr gekostet hätten, wenn ich sie an der Tanke gekauft hätte – wozu es nachts einfach keine Alternative gibt. Daraufhin habe ich zusammen mit meiner Freundin (mittlerweile trotz der Ereignisse an diesem Abend meine Frau) ewig lang in fitzeliger Kleinstarbeit die Kiste wieder halbwegs auf Vordermann gebracht. Am Ende stand ein stattlicher Betrag auf dem Taxameter und bei fünf Arbeitsstunden à zehn Euro extra (damals war ich noch gnädig) belief sich die Gesamtrechnung am Ende auf knapp 180 Euro. Und um ehrlich zu sein: Ich konnte den Geruch in den Folgetagen immer noch ausmachen …

Nein, 200 Euro sind keine Unverschämtheit. Es ist dann für mich zwar durchaus eine lukrative Schicht, aber dafür eben auch eine über Gebühr widerliche.

Zurück zu den zwei Helden aus Dänemark vom Beginn dieses Kapitels. Der vor seinem Hotel ins Auto reihernde

Typ war zwar etwas sprachlos, aber nachdem wir alle ausgestiegen waren und ich den Jungs nochmal erläutert hatte, dass das jetzt 200 Euro kosten würde, fand der Begleiter in seinem blassrosafarbenen Hemd schnell die Worte wieder. Er sah ins Auto und fragte, was das in dem Fall machen würde, wenn 200 normal wären. 100 vielleicht? Und da hinten war wirklich absolut alles vollgesifft: Scheibe, Tür, Vordersitz, Rücksitz, Teppich, Fußmatte usw.

Zum Glück kann ich ganz schön einschüchternd sein mit meinen über zwei Metern Größe. Eine zackige Ansprache später kramten die beiden panisch in allen Taschen und überreichten mir mit zitternden Händen all ihr Hab und Gut. Ein Betrag um die 120 Euro. Und sie versicherten glaubhaft, auf der Bank auch nichts mehr zu haben. Letzter Reisetag und so. Da hab ich dem inzwischen wieder erstaunlich zurechnungsfähigen Auswurfsknilch den Vorschlag gemacht, dass er mir ja beim Putzen helfen könne.

Und was soll ich sagen: Wir hatten eigentlich eine ziemlich vergnügte Stunde. An der Tankstelle kauften wir von dem Geld ein bisschen Putzzeug und schrubbten gemeinsam die Kiste aus. In Anbetracht der Tatsache, dass ich ihm die meisten ekligen Sachen überlassen hab, war das ein recht guter Deal für mich, so dass ich ihm am Ende sogar noch eine Kippe spendiert und ihn umsonst zum Hotel zurückgefahren habe. Und seinem abschließenden Fazit nach war die pädagogische Arbeit auch notwendig, denn er meinte zu mir, dass er jetzt immerhin was erzählen könnte. In ein Taxi gekotzt hätte er ja durchaus schon einmal, aber jetzt auch mal eines zu putzen, das sei schon was! Ähm, na gut.

Noch lustiger war aber eine Truppe Engländer, die einen wahrhaftigen Totalausfall mit sich herumschleppten. Als er dann nach langer Sorge um die Möglichkeit endlich wirklich ins Auto gekotzt hatte, war die gute Laune natürlich hin. Die Jungs und Mädels erwiesen sich als entweder besonders klamm, oder – was wahrscheinlicher ist, da sie noch feiern wollten – extrem geizig. Jedenfalls wollte niemand die von mir geforderten 200 Euro bezahlen. Also hab ich ihnen ein verheißungsvolles Angebot gemacht: Ich wollte lediglich das Geld auf der Uhr haben, wenn sie das Auto selbst putzen würden. Das Geld auf der Uhr war natürlich der Verdienstausfall. Ohne das zu berechnen, hätte ich ja tatsächlich Miese gemacht. Und ich glaube, dass das wirklich allen eine Lehre war. Denn nun waren fünf Leute mit Blick aufs ständig hochratternde Taxameter bemüht, die Kiste so schnell als möglich sauber zu kriegen. Und ich stand wie ein in seiner Rolle recht zufriedener Sklaventreiber daneben, hab gemütlich eine geraucht und bei jeder Nachfrage, ob das jetzt so in Ordnung sei, auf die Stellen verwiesen, die noch oder nochmal geputzt werden müssen. Sicher, toll fanden meine Fahrgäste das nicht. Aber ich fand ja auch nicht toll, dass sie mir ins Auto gekotzt und mir damit die Chance genommen hatten, einfach unproblematische Passagiere von hier nach da zu bringen und am Ende keinen Stress, sondern ein paar Euro Trinkgeld zu haben. Das wirklich Grandiose an dieser Kotzgeschichte war die Tatsache, dass sie das Auto mit vereinten Kräften tatsächlich blitzeblank und absolut geruchsneutral verlassen haben und ich auf dem Weg nach Hause sogar noch Leute einladen konnte, die mich heranwinkten. Und just von denen kam dann die berüchtigte Frage: »Und, hat Ihnen schon mal jemand ins Auto gekotzt?«

Ich hab mich nicht getraut, ihnen die Wahrheit zu sagen: »Ja, vor ungefähr einer Stunde direkt auf den Sitz, auf dem Sie gerade sitzen …«

Ich weiß, das Kapitel klingt sehr böse. Dabei ist gerade die Übelkeit – auch wenn sie drogeninduziert ist – ja selten Absicht. Ich hege wirklich keinen Groll gegen die

Leute, mit denen ich mich einigen konnte. Und ich freue mich über jeden Fahrgast, dem ich helfen konnte, ohne dass er einen Rettungswagen in Anspruch nehmen musste. Denn die Sanitäter sind über solche Fahrten auch nicht erfreut. Leute, die zu viel getrunken haben und deshalb kotzen müssen, fallen in eine Lücke. Fürs Taxi eigentlich zu blau, für den Rettungsdienst nicht hilfsbedürftig genug. Wenn ich so eine Fahrt, ohne dabei Verlust zu machen, wegrocken kann, dann ist das okay. Den Dänen hab ich mit Handschlag verabschiedet und all die Fahrgäste, die es zum Kotzen noch aus dem Auto geschafft haben, hab ich wirklich überdurchschnittlich gerne. Das Taxameter läuft auch beim Warten weiter und selbstverständlich können sich die Passagiere mit einem Stück von der eigentlich zur Fahrzeugreinigung gedachten Küchenrolle den Mund abwischen. Ich geb auch gern noch ein Bonbon aus eigener Tasche dazu, wenn sie den Geschmack loswerden wollen. Nach Touren mit außerhalb des Taxis kotzenden Leuten hab ich regelmäßig hohe Trinkgelder bekommen oder wurde gar als »bester Taxifahrer ever« gelobt. Obwohl ich den Trend zur Normalisierung des Ganzen also schlimm finde, ist mit mir grundsätzlich gut Kirschen essen. Denn in erster Linie sind das ja Personen, die Hilfe brauchen und ohne Taxi vielleicht gar nicht nach Hause kommen würden.

An meine Grenzen bringen mich jedoch wie eingangs erwähnt jene Zeitgenossen, die abgesehen von ihrer unzureichenden Kenntnis über ihre Grenzen beim Drogenkonsum mit Verlaub einfach Arschlöcher sind. Beispielsweise eine Truppe, die mir eine eigentlich schon wirklich nicht mehr beförderungsfähige Frau aufgehalst hat. Natürlich mit netten Worten. Man kümmere sich um sie, es sei ja nicht weit, das klappe schon alles etc. pp.

Und als das alles gar nicht mehr klappte, sah das natürlich anders aus. Ich brachte die Truppe noch nach Hause, obwohl die Dame schon ins Auto gekotzt hatte. War dann ja auch egal. Vor der Türe fragte mich einer der Begleiter, was auf der Uhr stünde. Ich antwortete wahrheitsgemäß, dass es rund zehn Euro wären, aber dass das selbstverständlich nicht der Betrag sei, über den wir jetzt sprechen müssten. Da mir im Vorfeld bereits ein Zwanziger gegeben wurde, plusterte sich der Kerl neben mir auf und fauchte mich an, dass ich den Zehner Trinkgeld jetzt ja schon hätte. Oder ob ich etwa glauben würde, dass sie jetzt etwa noch 50 oder gar 100 Euro abdrücken sollten.

»O ja, genau das glaube ich.« Bei dem Typen war das Sozialverhalten jedoch mehr als nur durch den Alkohol eingeschränkt. Es handelte sich um einen dümmlichen Proll, der mich nun mit Hasstiraden überzog, was ich für ein erbärmliches Wesen sei und dass ich mich als billiger Taxifahrer hier mal nicht so aufführen solle. Ich habe in der Folge den Weltrekord im Contenance-Bewahren aufgestellt, indem ich ihn ganz sachlich wissen ließ, dass ich seine Meinung nicht teile und nun gegebenenfalls die Polizei holen würde. »Dann mach doch, du Spinner!«, rief er mir hinterher.

Da die Haustüre offen stand und sie zudem die einzige zu dieser späten Stunde noch beleuchtete Wohnung im Haus hatten, war es mir und den herbeitelefonierten Polizeibeamten ein leichtes, eine Viertelstunde später an die richtige Tür zu klopfen. Alleine das Gesicht dieses Widerlings in diesem Moment war es wert, wäre ich versucht zu sagen. Dummerweise stimmt das nicht. Die Polizisten haben bei der Personalienaufnahme – leider auch von mir unbemerkt – gravierende Fehler gemacht, so dass ich ausgerechnet in diesem bislang einzigen Fall auf den Kosten für die Reinigung sitzen geblieben bin. Ansonsten sind die Gerichtsurteile hierzulande nämlich ziemlich eindeutig: Wenn man ein Taxi verunreinigt und der Fahrer keine Mitschuld trägt (zum Beispiel auch auf Bitten nicht anhält), hat man für die Reinigung aufzukommen. In dem Fall hatte ich das Nachsehen, weil die Polizei nicht die Personalien der Verursacherin, sondern des Wohnungsbesitzers aufgenommen hat. Und da er bestritt, die betreffende Person zu kennen, verlief die Ermittlung im Sande. Meinen an jenem Abend aufgestellten Contenance-Rekord breche ich seitdem mit jedem Tag, an dem ich nicht an dieser mir bis heute im Gedächtnis gebliebenen Wohnung klingele und den Typen windelweich prügele, der die Tür öffnet …

Kotzen im Taxi ist, wie man sehen kann, ein übles Thema, bei dem selbst ich zur Aggressivität neige. Es ist einfach unschön für alle Beteiligten. Zumindest meistens. Deswegen würde ich mich über Vermeidungsstrategien sehr freuen. Und diese Möglichkeiten gibt es!

Klar: Weniger trinken wäre die beste Lösung. Aber selbst wenn es mal zu viel war, kann das klappen. Notfalls »Stopp!« rufen. Oder als Begleitung dem Problemkandidaten eine Tüte mit den Henkeln über die Ohren ziehen und dafür sorgen, dass er allenfalls dort hinein kotzt.

Meine Leser fragen in unregelmäßigen Abständen immer wieder mal, ob ich denn nicht selbst Kotztüten hätte. Hatte ich schon, hab ich manchmal. Aber so lange ich am Steuer sitze, kann ich kaum etwas tun. Und die Leute, die nicht einmal mehr um einen Halt am Straßenrand bitten können, verpeilen auch den korrekten Gebrauch der Tüte. Außerdem werden sogar Kotztüten geklaut, wenn sie zugänglich sind. Es ist leider so: Ich als Taxifahrer kann da oft nichts machen, meist sind die Fahrgäste auf sich gestellt.

Zu guter Letzt möchte ich trotz des unschönen Themas noch einen Fahrgast loben. Dieser vielleicht 40-jährige

Mann mit eher grobschlächtigem Aussehen purzelte mir an der Invalidenstraße fast wortwörtlich ins Auto. Er gab ein Fahrtziel in Kreuzberg an und wir fuhren los. Nach ungefähr 500 Metern bat er mich zu stoppen. Ich fragte, ob etwas nicht stimmen würde. Er entgegnete, dass das mit dem Taxi wohl doch keine so gute Idee gewesen sei und ich nicht auf ihn warten solle. Die grob vier Euro Fahrtkosten bezahlte er mit einem Zehner und wollte kein Rückgeld: »Damit du auch was davon hast!«

Dann schloss er artig die Türe, ging auf einen Strauch zu und setzte zu einer Rolle vorwärts an, mit der er im Gebüsch verschwand, um anschließend wieder aufzutauchen und mit vernehmbarer Inbrunst in die Botanik zu reihern.

Das war sicher eklig. Aber ja, ich hätte ihm gerne bis nach Hause geholfen. Denn bessere Fahrgäste als ihn – nett, höflich, 150 Prozent Trinkgeld – kann man sich als Taxifahrer ja kaum wünschen. Er hat sich leider nicht überreden lassen.

Was Taxifahrer verdienen

Jeder dritte Fahrgast fragt irgendwann danach und zigtausend Leute haben inzwischen mein Blog im Internet gefunden, weil sie nach Informationen über die Bezahlung von Taxifahrern gesucht haben. Ich halte es ungern mit den Kollegen, die auf diese Frage stets mit »zu wenig« oder umgekehrt zumindest unter ihresgleichen mit Fantasiezahlen antworten. Aber eine einfache Antwort gibt es auch nicht. (Bitte unbedingt den Nachtrag am Ende des Kapitels lesen!)

Zunächst einmal ist das Taxigeschäft regional verankert. Und wie nicht nur die Bewohner der zufällig ausgewählten, aber dennoch reizvollen Städte bestätigen könnten, ist der Unterschied zwischen zum Beispiel Berlin und Cuxhaven elementar. Sollte ein Fahrer in einer der beiden Städte bei 40 Wochenstunden auf 1.500 Euro brutto im Monat kommen, sagt das über einen Fahrer in der anderen Stadt erst einmal gar nichts aus. Die Auftragslage und das Fahrtenprofil sind anders, die Tarife sind anders – aber eben auch die Lebenshaltungskosten.

Darüber hinaus ist das Taxigeschäft überall zu unterschiedlichen Zeiten unterschiedlich lukrativ. Meine Silvester-Nachtschicht hat natürlich nichts mit einer gleich langen Schicht an einem Montagmittag im April zu tun.

Zudem arbeiten wir Fahrer alle unterschiedlich. Die einen sind angestellt, die anderen selbständig. Die einen nutzen diesen Funk, die anderen jene App. Manche fahren fast ausschließlich Stammkundschaft, andere haben gar keine. Der eine bleibt stets im selben Stadtteil, der andere fährt, wo immer es ihn hin verschlägt. Und da die Bezahlung im Taxi fast überall zumindest teilweise an den eingefahrenen Umsatz gekoppelt ist, ist es schlicht falsch, wenn irgendwelche Besserwisser von der Bild-Zeitung in einer Lohn-Übersicht postulieren: »Ein Taxifahrer verdient 1.500 € brutto im Monat.« Eine erfundene Zahl, mehr nicht. Vielleicht der Durchschnittsverdienst des einzigen Taxifahrers, den der Journalist zufällig auf der Heimfahrt angequatscht hat, aber sicher kein aussagekräftiger Wert, der bundesweit irgendeine Bedeutung hat.

Man kann aber Grenzen nennen. Ich kenne einige Kollegen in Berlin, die tatsächlich deutlich über 2.000 Euro nach Hause bringen. Das allerdings mit Arbeitszeiten, die schon der olle Bismarck obszön gefunden hätte. Auf einen Bruttostundenlohn runtergebrochen verdienen die meisten Taxifahrer in Deutschland verdammt wenig. Nach schlechten Montagsschichten habe ich schon mal die Drei-Euro-Grenze unterschritten und einige Kollegen, die zu allgemein eher ungünstigen Zeiten arbeiten, erzählen glaubhaft von 4,50 bis 5,50 Euro insgesamt im Durchschnitt. Ein ohne Quellenangabe versehener Durchschnittswert, welchen der BZP (der deutsche Taxi- und Mietwagenverband) nennt, liegt bei 6,50 Euro brutto. Und selbst wenn das wegen des Trinkgelds auch ungefähr die Summe ist, die netto bei den Fahrern ankommt, ist es doch erkennbar kein Traumlohn. Natürlich kann man in guten Schichten auch mal auf eine zweistellige Summe kommen, verrechnet mit der nächsten Pechsträhne bleibt den meisten Vollzeitfahrern unterm Strich immer nur irgendwas zwischen fünf und acht Euro. Schlecht für den, der davon eine Familie ernähren muss oder gar manchmal Zeit für sie haben möchte …

Bevor sich nun Besserverdienende ungläubig die Augen reiben und sich wundern, warum es überhaupt noch Taxifahrer gibt: Der Stundenlohn ist eine unzureichende Messgröße fürs Gewerbe. Gerade an Tagen, an denen man als Taxifahrer wenig verdient, ist entsprechend wenig zu tun. Es gibt eine Menge schlecht bezahlter Jobs, wie beispielsweise im Reinigungswesen oder der Pflege, die anstrengend ohne Ende sind. Im Gegensatz zu diesen bedeutet bei uns ein schlechter Tag, dass wir ihn überwiegend mit Lesen, Fernsehen und Quatschen verbringen können. Wahrscheinlich kann ich ausnahmsweise mal für alle Kollegen sprechen, wenn ich sage, wir würden gerne nur noch sieben Stunden täglich arbeiten und in der Zeit das gleiche Geld einfahren – andererseits ist ein Zehnstundentag gar nicht so anstrengend, wenn man drei davon gemütlich am Auto eines Kollegen lehnt, während man beispielsweise frühstückt und über Fußball diskutiert.

Selbst die eine oder andere Privatangelegenheit lässt sich hier und da mit dem Taxi erledigen. Auch als angestellter Fahrer kann man gelegentlich für einen Amtstermin eine Pause einlegen oder gar den Wochenendeinkauf erledigen, so lange gerade kein Kunde in Sicht ist. Es ist diese Freiheit und die Tatsache, dass Arbeitszeit sich nicht immer wie Arbeit anfühlt, die manchen Kollegen dann doch 60 oder 70 Stunden pro Woche auf die Straße treibt, obwohl sich das Geld anderswo schneller verdienen ließe.

Nachtrag: Dieses Buch ist für die Antwort auf die Frage nach dem Verdienst zu einem denkbar ungünstigen Zeitpunkt erschienen. Denn es ist bereits abzusehen, dass in Deutschland der flächendeckende Mindestlohn von 8,50 Euro eingeführt und dieser auch für Taxifahrer gelten wird. Sollte das eintreten, kann davon ausgegangen werden, dass der Lohn der angestellten Taxifahrer sich irgendwann auf dem Niveau eines solchen Mindestlohnes einpendeln wird, womöglich im Zusammenhang mit einer dann nur noch begrenzten Umsatzbeteiligung. Da die meisten Taxifahrer bis zu diesem Zeitpunkt im Schnitt weniger verdient haben – trotzdem aber quasi das Maximum, das das Geschäft hergab – wird die Einführung des Mindestlohns das Gewerbe total umkrempeln. Die Firmen müssen die Auslastung verbessern, es werden etliche Fahrer entlassen werden und es ist unklar, welche Rolle den Selbständigen zukommt, denen man keinen Mindestlohn vorschreiben kann. Teilweise sind diese Prozesse schon im Gange, aber wie das alles ausgehen wird, kann erst die Zukunft zeigen.

Alle meine Aussagen zum Verdienst oder zur umsatzbasierten Bezahlung könnten schon jetzt hinfällig sein. In diesem Fall sollte man das vergangene Kapitel einfach als historischen Exkurs ansehen, der die Lage vor 2015 beschreibt.

Nachtschicht

Die Eskapaden der überalkoholisierten Kunden sind natürlich überwiegend ein Nachtschichtphänomen und dieses Buch würde sicher ganz andere Geschichten enthalten, wäre ich tagsüber unterwegs. Und das wurde mir bereits ungefähr in meiner dritten Minute als Taxifahrer mitgeteilt. Man zeigte mir mein Auto und stellte mir den Kollegen vor, der es am Tage fährt. Solche festen Teams sind nicht die Regel im Gewerbe, aber meine Chefs versuchen, das nach Möglichkeit einzurichten, weil wir Fahrer dann Kleinigkeiten auch untereinander klären können. So kann ich im Bedarfsfall beispielsweise den Kollegen einfach fragen, ob er mir das Auto mal eine Stunde früher überlässt – und muss nicht erst den Chef anrufen, der dann den Kollegen fragt und anschließend wieder mir Bescheid gibt. Ein gut funktionierendes System also.

Dieser Kollege, mein Tagfahrer, erklärte mir schon an jenem ersten Tag im breitesten Berliner Dialekt: »Ick würd' dir jerne Tipps jeben, wo de dir hinstellst. Aba da kann ick dir nich' helfen, bis' ja nachts untawegs. Is' so jesehn ja'n komplett annerer Beruf, sa'ick mal.«

Andere Kunden, andere Adressen. Die Hotels fuhren wir beide an, aber wieso hätte ich zum Beispiel noch all die Botschaften und Ländervertretungen im Kopf haben sollen, die ich seinerzeit für die Ortskundeprüfung lernen musste? Eine einzige Fahrt nur in knapp sechs Jahren hatte ich, die zu so einer Adresse führte – und dann war es auch noch eine, die tatsächlich nicht in besagtem Katalog verzeichnet ist.

Auch jenseits des Geschäftlichen aber ist die Nachtschicht eine Umstellung. Und die fällt nicht leicht. Jetzt, da ich diese Zeilen tippe, ist es fünf Uhr morgens und für mich ungefähr das, was 22 Uhr für viele der Leser sein dürfte: später Abend, aber noch bleiben zwei, drei Stunden bis zur Bettruhe.

Bis ich in dem Rhythmus wirklich drin war, hat es fast ein Jahr gedauert. Die meisten Kollegen gehen da auch nicht so weit wie ich. Viele legen sich in den frühen Morgenstunden schlafen, um dann mittags wieder aufzustehen. Ich schlafe lieber bis in den Nachmittag hinein, um abends zu Schichtbeginn und erst recht zum Ende der Schicht ausreichend fit zu sein. Und die Müdigkeit, die einen auch nach Jahren noch gelegentlich überrascht, ist nicht das Einzige, worüber man sich Gedanken machen muss.

Da wäre beispielsweise die Postfiliale, die um 18.30 Uhr, also kurz nach dem Aufstehen, schließt – und ebenso stellt sich die Frage, wann man etwas Warmes isst, wenn mein Frühstück gleichzeitig das Abendessen meiner Frau ist. »Pizza zum Frühstück« habe ich schon als Titel für ein noch zu schreibendes Buch zum Thema Nachtschicht im Kopf.

Auf dem Heimweg von der Arbeit kurz einkaufen zu gehen, ist nicht möglich. Außer in Ausnahmefällen, wenn ich samstags erst nach 7.00 Uhr am Supermarkt vor meiner Tür vorbeilaufe.

Mein Arzt macht gefühlt um 23.00 Uhr auf – und um 7.00 Uhr morgens wieder zu. Es ist nicht ganz einfach. Für so etwas Normales wie ein Familientreffen zu Ostern am frühen Nachmittag muss ich schlafbedingt zwei halbe bis zwei ganze Schichten ausfallen lassen und von den schon für den gewöhnlichen Arbeitnehmer unmöglichen Öffnungszeiten von Ämtern und dergleichen will ich gar nicht erst anfangen. Die vielleicht lustigste Begleiterscheinung sind die Blicke von den Menschen, wenn man am Montagmorgen um sieben Uhr schnell ein paar Bier kaufen will, während alle anderen im selben Supermarkt noch für ihre Frühstücksbrötchen anstehen. Über den Ruf in meiner Nachbarschaft mache ich mir besser keine Gedanken.

Wie gesagt: Es ist nicht leicht. Und würde ich Nachtschicht in einer Fabrik oder bei einer Hotline schieben müssen – ich würde es vermutlich hassen. Als Taxifahrer habe ich aber lange Zeit des Jahres die Möglichkeit, mir als letzte Amtshandlung von Gott weiß wo in der Stadt den Sonnenaufgang anzusehen und ihm mit aufgedrehter Anlage entgegenzufahren.

Aus eigenem Interesse wünsche ich mir zwar hier und da längere Ladenöffnungszeiten, weil es mein Leben vereinfachen würde; andererseits ist die Nacht auch etwas Schönes, Bewahrenswertes, gerade weil sie so ruhig ist, gerade weil so wenige Menschen auf der Straße sind, gerade weil zu dieser Zeit sogar das Autofahren in Berlin noch Spaß macht.

»Nachts verdient man bestimmt besser …«, vermuten meine Kunden gerne und angeblich ist da was dran. Ob wir aber tatsächlich nachts mehr Aufträge haben, ob nur weniger Taxis draußen auf der Straße sind oder wir einfach schneller fahren können und das den Unterschied macht – ich weiß es nicht.

Wie alles auf der Welt hat auch die Nachtschicht ihre guten Seiten, nur wollen viele die nicht sehen. Vor Jahren wurde meine Frau in einer Bankfiliale gefragt, was ihr Mann – also ich – beruflich machen würde. »Der fährt nachts Taxi«, hat sie geantwortet, woraufhin der Angestellte allen Ernstes fragte: »Und was macht er tagsüber?«

Auch bei ungefähr jeder zweiten Fahrt fällt irgendwann die Frage seitens der Kundschaft: »Und, wie lange müssen Sie heute noch?« Ich hab mir da unterschiedliche Antworten zurechtgelegt, und meine Arbeitszeiten sind auch ein wenig kompliziert, um sie rasch zu erklären. Aber es gibt solche Fälle, wo diese Frage um Mitternacht kommt und ich geradeheraus antworte, dass ich wohl noch mindestens bis um 6.00 Uhr fahren würde. Eine kleine Auswahl an Antworten:

»Um Himmels Willen!«

»Sie Armer!«

»Also ich könnte das ja nicht …«

»Soooo lange?«

»Ach Gottchen, das ist nicht Ihr Ernst, oder?«

Aber kaum, dass ich ihnen erkläre, mein Wecker habe dafür auch erst um 17.00 Uhr geklingelt, entspannen sich die meisten wieder. Trotz aller oben genannter Nachteile mache ich keinen Hehl draus, dass mich anfangs vor allem eines für die Nachtschicht begeistern konnte: nicht früh aufstehen zu müssen.

Silvester – die Schicht des Jahres

Dass Taxifahrer prinzipiell immer verfügbar sein sollten, bedeutet im Umkehrschluss, dass wir lange Zeiten des Jahres fast überall viel Zeit zwischen den Fahrten haben. In den meisten Städten und Gemeinden wurden mehr Konzessionen ausgegeben, als für den Alltag notwendig sind, in Hamburg und Berlin existiert überhaupt keine Grenze. Meist sind wir also recht schnell vor Ort, was für die Kunden zweifelsohne eine schöne Sache ist. Aber jeder Ort hat irgendwann seine Großveranstaltungen, bei denen die Nachfrage dann doch mal das Taxiangebot übersteigt. Die meisten sind regional bedingt wie in München das Oktoberfest oder in Frankfurt zahlreiche Messen. Wirklich ausnahmslos überall in Deutschland ist aber Silvester »der Tag schlechthin« im Taxigewerbe. Ähnlich wie Feuerwehr, Polizei und Rettungssanitäter fürchten wir diesen Tag – oder besser: diese Nacht – ein wenig, andererseits lohnt sich der Massenandrang für uns dank der umsatzbasierten Bezahlung natürlich auch.

Gefürchtet ist Silvester aus den naheliegenden Gründen, die diesen Tag in der Bevölkerung grundsätzlich so beliebt machen: Fast ausnahmslos alle Menschen feiern und trinken an diesem Tag. Dazu gibt es Feuerwerk und große Emotionen, ein Ausnahmezustand in jeder Hinsicht. Für Taxifahrer sind Betrunkene aber potenziell schwierigere Kundschaft, Feuerwerk ist schlicht gefährlich für die Gesundheit von Auto und Fahrer – und die Emotionen beschränken sich natürlich auch nicht nur auf Freude und Glück. Nach dem dritten Sekt bei den eigentlich nicht sonderlich wohlgelittenen Nachbarn stellt der eine oder die andere auch mal fest, dass das vergangene Jahr irgendwie doch nicht so gelaufen ist, wie man es sich beim letzten Silvester noch ganz fest vorgenommen und gewünscht hatte. Mindestens eine Fahrt pro Silvesterschicht scheint für Enttäuschte und Depressive reserviert zu sein.

Darüber hinaus ist es für Kunden teilweise nicht nachvollziehbar, dass sie kein Taxi bekommen, nicht selten sind wir Fahrer dann die Sündenböcke, obwohl wir alles tun, um die Kundenwünsche abzuarbeiten.

Im Folgenden zeichne ich eine für mich typische Silvesterschicht nach. Anders als viele Kollegen fahre ich erst nach Mitternacht los, zu den lohnendsten Stunden. Die ganz Unersättlichen starten mitunter zu ihrer gewohnten Zeit am frühen Abend mit der Arbeit und einzelne davon schmeißen in dieser Nacht eine Schicht von 14 oder manchmal auch 16 Stunden. So viel Kaffee, wie man da braucht, um durchzuhalten, verträgt mein Magen gar nicht.

1.00 Uhr:
Nachdem ich mit meiner Frau einen notgedrungen alkoholfreien Silvesterabend verbracht hatte, stieg ich ins schon Stunden vorher eingerichtete Taxi. Ein oder zwei Sektflaschen musste ich dazu aus dem Weg räumen, die ersten paar Meter knirschte es dennoch verdächtig unter den Reifen. Ich hoffte, auch dieses Jahr ohne Reifenpanne durchzukommen.

1.01 Uhr:
Nach 300 Metern erste Winker. Während sie im Taxi saßen und überlegten, ob sie jetzt zu dieser oder jener Party fahren wollen, pöbelte sie ein Betrunkener an, sie sollten doch aussteigen, wenn sie zu blöd zum Taxifahren seien.

1.18 Uhr:
Nachdem die Jungs mir auf ihre 15-Euro-Tour einen satten Fünfer Trinkgeld gegeben hatten, enterte eine ältere Frau mein Auto, die an den Stadtrand wollte. Sie hasste Silvester. Diese aufgesetzte Fröhlichkeit sei doch Unsinn, meinte sie, das Jahr sei genauso beschissen wie die letzten gewesen. Ich bedauerte, wegen einsetzendem Schneefall nicht schneller fahren zu können.

1.45 Uhr:
Als ich sie abgesetzt hatte, stieg ein junger Mann ein, der für knapp einen Zehner bis kurz hinter die Stadtgrenze wollte. Ich dachte für einen Moment an eine Zigarettenpause in der menschenleeren Ecke, konnte aber mein Feuerzeug nicht finden.

1.51 Uhr:
Kaum dass ich meine Fackel anschaltete, winkte mich eine bunt gemischte Gruppe Jugendlicher heran. Einmal ums Eck, von dort aus mit einer anderen Gruppe zurück.

2.10 Uhr:
Eine Familie winkte. Der Vater nannte mir eine Straße, die mittig unterbrochen war, woraufhin ich fragte, von welcher Seite aus ich heranfahren müsse. Das wäre egal und mein Navi sollte ich mal schön auslassen, er zeige mir das schon. Am Ende standen wir in der Sackgasse und er lamentierte in einem fort, dass sich die Taxifahrer früher wenigstens noch ausgekannt hätten. Die daraufhin anfallenden vier Kilometer Umweg erfreuten mich in dieser Nacht nicht, am liebsten hätte ich ihn rausgeschmissen. Glück für ihn: Sein achtjähriger Sohn hatte mehr Ortskenntnis und war auch ein angenehmerer Gesprächspartner.

2.35 Uhr:
Gleich ums Eck wartete eine weitere Familie. Dieses Mal mit Großmutter. Trotz des kalten Wetters draußen schwitzte ich langsam am Rücken und wollte mir die Beine vertreten. Irgendwie gelang es mir, das im Gespräch unterzubringen, ebenso wie die Tatsache, dass ich gerne eine Zigarette rauchen würde. Ich traf abschließend mit der Familienältesten die Übereinkunft, dass sie mir statt eines Trinkgeldes ihr Feuerzeug schenkt. In der winzigen Nebenstraße, in der ich sie absetzen musste, gelang mir die Pause tatsächlich, ohne dass weitere Fahrgäste mich vorschnell vereinnahmten.

2.50 Uhr:
Bevor ich mich wieder auf den Weg machte, checkte ich kurz das Taxameter. Ungefähr 90 Euro Umsatz bisher. Ich hatte schon Montagsschichten, bei denen mich dieser Betrag zehn Stunden Zeit gekostet hatte …

2.52 Uhr:
An einer großen Kreuzung hielt mich vor der Ampel eine Frau an, die mir auf der anderen Straße eine Gruppe junger Leute zeigte und mich bat, diese doch mitzunehmen, sie stünden bereits so lange dort. Die Gruppe hatte ich bereits gesehen und ich wäre auch rübergefahren, hätte die eigentlich wohlmeinende Dame mich nicht so wortreich davon abgelenkt. Am Ende verpasste ich ihretwegen die Grünphase, was dazu führte, dass mir jemand einstieg, bevor ich zu den anderen fahren konnte. Ironie des Schicksals, in dem Fall hab ich dann eben den Kunden schnell zu seiner Wohnung gebracht. Am Ende spielte es keine Rolle – es war an der Kreuzung ein Taxi zu wenig, da konnte auch ich nix dran ändern.

3.02 Uhr:
Den ersten Hunni hatte ich drin und ich war nur 800 Meter von meiner Wohnung entfernt gelandet. Ich dachte daran, noch etwas Geld zu wechseln und gegebenenfalls meiner Frau eine gute Nacht zu wünschen. 300 Meter vor meiner Haustüre wurde ich herangewunken. Ein netter Typ, Industriearbeiter. Erst vor einer Stunde in Berlin angekommen, vom Feuerwerk hatte er auf der Fahrt durch Brandenburg nur wenig mitbekommen. Die Fahrt war kurz, aber das Fahren in den Seitenstraßen wegen des Schnees teilweise gefährlich. Der Fahrgast hatte seine Freundin besuchen wollen, doch als er ankam, hing die wie der Rest der Party schon volltrunken und halb komatös im Eck. Er bekam während der Fahrt noch einen Anruf von einem Kumpel, dem er viel Glück dabei wünschte, sie ins Bett zu kriegen. Betrübteste Fahrt des Abends, dafür ein Trinkgeld, das zumindest meine angeschlagene Laune verbesserte.

3.20 Uhr:
Auf dem Rückweg musste ich den Jungs ausweichen, an denen ich ein paar Minuten vorher auf der anderen Straßenseite vorbeigefahren war. Ich hatte schon gesehen, dass sie Böller auf fahrende Autos warfen, hab meine Beschleunigung entsprechend überraschend angepasst. Silvester eben. Dann kurz heim, eine Zigarette, einen Fuffi kleingewechselt. Meine Frau war schon im Bett.

3.30 Uhr:
Kurz nach dem Starten des Taxis ein Kunde. Schon ziemlich weggetreten. Ich war damit etwas weiter in die Innenstadt gekommen – obwohl ich das gerne vermeide an Silvester. In den Außenbezirken fährt es sich schneller und Kundschaft gibt es hier wie dort genug.

3.46 Uhr:
Zwei Jungs, völlig hinüber, kauten mir bei einer kurzen Fahrt schier das Ohr ab. Alle Gegenreden liefen ins Leere, ich musste mich von ihnen auf einen Döner einladen lassen. Sie hatten kein Problem damit, dass das Taxameter mitlief und kannten keine Eile. Während ich nicht einmal wirklich Hunger hatte und mir mit den 25 Euro Wartezeittarif pro Stunde das einzige Mal dieses Jahr unterbezahlt vorgekommen bin. Damit nicht genug: Einer der beiden disponierte um und wollte von mir noch nach Hause gefahren werden. Finanziell war das etwas ungünstig, da an Silvester kurze Touren wegen des niedrigeren Preises ab dem siebten Kilometer weniger lohnend sind. Die Fahrt sollte mir zwar am Ende zusätzlich dicke acht Euro Trinkgeld bringen, im Gegenzug für den Jackpot hatte ich allerdings einen Vertreter der größten Vollpfostentruppe am Hals, die dieses Land kennt: einen Reichsbürger. Einen Menschen, der aufgrund gefälschter Bildchen im Internet, wirrer Verschwörungstheorien und einer mustergültigen juristischen Inkompetenz vom Glauben beseelt war, die Bundesrepublik Deutschland gäbe es gar nicht wirklich – und mich bekehren wollte. Was auch sonst?

4.35 Uhr:
Endlich wieder auf einer Straße außerhalb des deutschen Reichs!

4.40 Uhr:
Der Winker, der mir vors Auto lief, hatte es etwas eiliger. Und weiter. Einmal quer durch die Stadt. Inklusive Umweg über die Autobahn. So lange der Fuffi von Mami reichen würde, wäre es ihm egal, ob auf der Uhr am Ende 35 oder 45 Euro stünden. Na denn!

5.20 Uhr:
Auf dem Weg zurück in die Zivilisation fuhr ich erstmals in dieser Nacht ein paar Kilometer leer in Richtung Mitte. An einem Bahnhof nahm ich eine junge Frau auf. Fast noch schlafend. Eigentlich wollte sie die U-Bahn nehmen, hat aber dank ausreichend Alkohol und mangelnder Ortskenntnis nicht bemerkt, dass sie die Station verpasst hatte, an der sie hätte aussteigen müssen – und dann kam ich vorbei. Am nächsten Bahnhof passierten wir einmal mehr ein paar Wartende und mir fiel eine augenscheinlich ältere Frau auf, die sich ein Taxi heranwinken wollte, allerdings wurde es ihr von einer Gruppe Teenies weggeschnappt. Da die junge Dame auf dem Beifahrersitz zwei Minuten später ausstieg, bin ich mit ausgeschalteter Fackel nochmal zum Bahnhof zurück und hab die hochglückliche Rentnerin die paar Meter, die sie eigentlich nur fahren musste, auch noch befördert.

5.45 Uhr:
Die Müdigkeit meldete sich langsam und die Fahrten wurden auch nicht besser. Einen komischen Kauz habe ich keinen Kilometer vom letzten Fahrtziel entfernt aufgegabelt, dessen Sprachfertigkeiten in dieser Nacht aus gerade mal vier nur wenig zusammenpassenden Sätzen bestanden, die er dafür die ganze Zeit wiederholte:
1. »Ich bin Paul!«
2. »Brings' mir heim?«
3. »Haste überhaupt Jeld bei?«
4. »Haha, ick mach' nur Spaß!«

Weniger als dreißig Mal habe ich keinen der Sätze gehört, bis der Kerl (wie war nochmal sein Name?) ausgestiegen war.

6.05 Uhr:
Ein paar ganz große Hauptstraßen wurden inzwischen geräumt, auf den meisten lag der Schnee zu der Zeit schon zentimeterdick. Immerhin hatte ich noch keine größeren Unfälle gesehen. Eine Fahrt führte mich von da an zu einer Notapotheke, eine weitere sehr kurze wieder in eines der unzähligen Randbezirk-Wohngebiete. Mit schlafender Kundschaft.

6.30 Uhr:
Ein junges Paar winkte mich ran, offensichtlich Hippies. Inklusive Hund. Der höchstens 25-jährige Typ mit seinen meterlangen Dreadlocks fragte gerade freundlich, ob das mit dem Hund ein Problem wäre, da stieß ihn völlig überraschend ein resoluter älterer Mann mit Anzug und Stock zur Seite und fauchte ihn an, das sei sein Taxi. Musste ich also doch noch laut werden in dieser Nacht – und durfte die nächsten paar Minuten während der Fahrt zur Beruhigung einen Hund streicheln.

7.13 Uhr:
Die nächsten Kunden waren traumhaft. Bedauerten mich, dass ich in der Nacht arbeiten müsste und hatten – in dem Fall glücklicherweise – eine ebenfalls längere Fahrt. Wie die Fahrten an Silvester überhaupt jedes Jahr überdurchschnittlich lang ausfallen. Da die Jungs in unterschiedliche Richtungen mussten, war unser Weg ein großer Bogen, es ging also immerhin nicht allzu weit raus. An der Eastside-Gallery versuchte jemand einmal mehr auf die Straße zu springen, um mich anzuhalten. Natürlich hatte ich die Fackel aus, das geht gar nicht anders, wenn das Taxameter läuft. Anstatt zu erkennen, dass ich besetzt bin – oder diese Option wenigstens in Betracht zu ziehen –, schüttete mir der frustrierte Möchtegern-Kunde sein Bier über die Front-

scheibe, als ich vorbeifuhr. Mein aktueller Fahrgast war völlig entsetzt, während das für mich zwar durchaus neu war, aber nicht sonderlich überraschend kam. Vielleicht, weil ich die Leute am Straßenrand seit mehreren Jahren schon vorab einzuschätzen versuchte und damit so manches Mal richtig lag …

»Kippenpause?«

»Aber gerne doch!«

»Lass die Uhr laufen!«

Manche Kunden liebt man mehr als andere.

Während wir im immer noch ansehnlichen Schneetreiben standen und uns unterhielten, kam tatsächlich der Freak mit der nun leeren Bierflasche an uns vorbei und fragte abschätzig, wer denn »dieses Ding da« fahren würde. Das war das erste Mal, dass ich einem potenziellen Kunden direkt gesagt habe, dass ein Arschloch wie er sich gar nicht einbilden solle, er würde von mir irgendwohin gefahren werden. In dem Fall hätte ich's eh nicht gekonnt, weil ich ja noch besetzt war, aber um den Kerl hätte ich auch an einem kundenarmen Dienstagabend einen Bogen gemacht. Er erinnerte mich zudem an eine kuriose Begegnung am Taxistand, als mich ein leicht verstrahlter Bursche fragte, ob ich ihn mit Pommes mitnehmen würde, der Kollege vor mir hätte nein gesagt, er zahle aber auch gut. Ich hab ihm dann ganz höflich erklärt, dass das mit dem Essen so eine Sache sei, weil wir damit eben immer wieder Stress hätten und uns am Ende mit den ekligen Hinterlassenschaften rumärgern müssten. Bis dahin wollte ich ihn eigentlich noch mitnehmen. Dann aber fing er zunächst an, darüber zu philosophieren, wie harmlos Pommes doch seien und dass er einem Kollegen zuvor schon sein Essen auf die Scheibe geschmiert hätte. Ich hatte das Reden längst eingestellt, während sein Monolog weiterging:

»Hey, ich bin nicht mehr ganz nüchtern, okay. Das geb' ich zu. Aber ich bin 'n Juter! Ehrlich. Ich bezahl doch, ist immerhin eine Fahrt mehr. Ich weiß noch, wo ich wohne, alles ganz easy. Ist deine Entscheidung, ich lauf notfalls ja auch. Würde mich halt freuen. Aber wenn du nicht willst …«

Ich sagte immer noch kein Wort und hatte auch gar keine Gelegenheit mehr dazu, weil er immer schneller redete.

»Wäre eine gute Fahrt für dich, aber nein … Ich will nur nach Hause, mehr isses ja nicht. Ich lauf auch, ich bin da nicht so, aber FUCK, DANN LAUF ICH HALT! SCHEISS TAXIFAHRER!«

Sprach's und knallte seine noch fast volle Schale Pommes wutentbrannt auf den Boden vor dem Taxistand. Manchmal geht der Kelch ganz, ganz knapp an einem vorüber. Aber zurück zu Silvester.

7.35 Uhr:
Das Häufchen Elend winkte nur sehr zaghaft. Ein junger Mann, ach was, eher ein Junge! Und tatsächlich: Er ist gerade einmal volljährig. Dem Aussehen nach vermutete ich, er hätte die Nacht im Rinnstein verbracht – womit ich am Ende gar nicht so falsch lag. Denn falsch gelegen hatte er. Zunächst mit der Hoffnung, ein ganz normales Silvester zu feiern – und später dann bei miserablen Wetterverhältnissen eben genau im Rinnstein. Seiner Geschichte nach hatte er sich tatsächlich nicht einfach beim Trinken übernommen, sondern wohl irgendwas ins Glas gekippt bekommen. Gefunden worden war er noch vor Mitternacht, fernab seiner Freunde. Den Rest der Neujahrsnacht hatte er dann im Krankenhaus zugebracht und sich den Magen auspumpen lassen. Und entsprechend ausgepumpt sah er auch aus. Die Fahrt war nicht lang, es sollte meine letzte

sein an diesem ersten Morgen des neuen Jahres. Die Uhr stand bei etwas über 300 Euro, kein neuer Rekord. Dem armen Hansel hab ich am Ende noch zwei Euro geschenkt, denn die hätte er sonst extra von oben aus der Wohnung holen müssen. Gerade weil auch mir der Trubel der letzten Stunden so langsam reichte, wollte ich keinesfalls warten, bis er die Treppen hoch- und wieder runtergewankt wäre. Zum Dank hat er mir dann nur neben das Auto gekotzt und nicht hinein. Dankbar sein für diese kleinen Gesten erleichtert einem das Leben als Taxifahrer ungemein.

7.54 Uhr:
Tatsächlich stiegen noch einmal Winker zu. Ein Glückstreffer der besonderen Art, denn die vier volltrunkenen Kerle ließen sich exakt an den Dönerstand fahren, an dem ich mir meine hart erarbeiteten drei Feierabendbier nach der Schicht holen wollte. Natürlich hab ich nach der Fahrt erst einmal das Auto abgestellt, den Papierkram erledigt und dann gewartet, bis die jungen Männer auch sicher verschwunden waren. Sie hatten mir zuvor schon angedroht, mich einzuladen – mir war wie nach jeder anstrengenden Schicht aber nach Ruhe zumute. Keine Menschen wollte ich sehen oder sprechen, und schon gar keine, die mich eben noch bezahlt haben.

Tatsächlich sind all dies Geschichten aus drei unterschiedlichen Silvesterschichten. Aber so in etwa kann man sich's vorstellen. Ich hab nicht nur die harmlosen Fahrten ausgespart. Verletzte oder depressive Kunden hatte ich zuhauf an Silvester. Von der einen Schicht mit dem Ausfall meines Autos ganz zu schweigen! Und man sollte nicht vergessen, dass der Taxifahrer dabei immer noch den Verkehr und die Sicherheit der Fahrgäste im Auge behalten muss.

Mit Silvester ist es wie mit der Nachtschicht an sich: Es finden sich ab einem gewissen Alter kaum noch Kollegen, die das machen.

»Als ich so alt war wie du, bin ich auch noch an Silvester gefahren!«, hab ich schon sehr oft gehört. Wahrscheinlich ist man es tatsächlich irgendwann leid, aber bis dahin fahre ich weiterhin in dieser besonderen Nacht. Am Ende lohnt es sich eben doch.

Pärchen die Zweite

Man darf mich ob dieser Aussage gerne für ein Weichei halten, aber ich finde Streit im Taxi doof. So ein Auto ist schon im Alltag eng genug und es fühlt sich noch eine ganze Spur enger an, wenn die Situation ungemütlich wird. Entsprechend vermeide ich Streit ganz bewusst und ich vermute, dass das meine Kunden normalerweise zu schätzen wissen. Schwieriger wird es, wenn sich die Fahrgäste untereinander streiten, denn darauf habe ich nur wenig Einfluss. Und streitende Pärchen sind zweifelsohne die Königsklasse im Schlagabtausch-Ungemütlichkeitswettbewerb.

Klassisch furchtbar ist zum Beispiel, wenn einer von zwei Fahrgästen Streit sucht und man das als Taxifahrer vor dem Adressaten erfasst. So war das bei einem Paar um die 60, bei dem der Mann einfach nicht an sich halten konnte. Und wie der erbarmungslose Zufall es wollte, handelte es sich um eine vergleichsweise lange Strecke von sicher gut zehn Kilometern quer durch die ganze Innenstadt. Und, holla die Waldfee, war der Kerl unangenehm! Wie aus dem Nichts begründete er seine schlechte Laune damit, dass es »halt blöd sei, wenn einer die ganze Arbeit macht und der andere nur zu Hause hockt«. Und während ich noch glaubte, mich eventuell nur verhört zu haben, konkretisierte er das umgehend, um ja keine Zweifel offen zu lassen:

»Ich sagte, dass es blöd ist: Ich mache die ganze Arbeit und du sitzt nur zu Hause!«

Seine (zumindest früher mal) Liebste sprang selbstverständlich umgehend auf diese Provokation an und giftete umstandslos zurück. Meine Gedanken kreisten um die Frage, ob ich mich an der Entsorgung einer Leiche beteiligen müsste, wenn die Fahrt zu Ende wäre. Stattdessen ging das einfach nur weiter und weiter. Die ganze lange Fahrt über haben sie sich gegenseitig weiter aufgestachelt, während ich mir wünschte, das einfach ignorieren zu können. Aber darin bin ich ehrlich gesagt noch nie sonderlich gut gewesen. Diese Fahrt sollte ohne Explosion zu Ende gehen, gerechnet hatte ich mit einer solchen aber buchstäblich jede Sekunde. Schwitzend und nervös aufs Lenkrad klopfend versuchte ich, so schnell wie möglich ans Ziel zu kommen. Hier eine Ampel bei Quasi-Kirschgrün, dort 20 Stundenkilometer schneller als erlaubt. Darum bemüht, anzukommen, bevor das Pulverfass explodiert. Nach solchen Fahrgästen mache ich noch heute eine kurze Pause.

Eine kleine Steigerung gibt es freilich: Wenn man als Fahrer ins Geschehen involviert wird. So verabschiedete sich eine mehr als nur aufbrausende junge Frau auf mein »Schönen Abend noch!« mit »Na, den werde ich jetzt ja ganz bestimmt nicht haben!«. Hintergrund war ein Streit mit ihrem Freund darüber, wo ich die beiden hinbringen sollte. Zum »Tresor« oder nach Hause. Sie wollte heim, er wollte noch tanzen. Ich hab mich trotz vielfacher Bitten von beiden Seiten rausgehalten und war am Ende natürlich schuld an allem.

Nicht wirklich nach Beziehung sahen zwei junge Männer aus, die mich geradezu aggressiv auf einer Straße in Hohenschönhausen stoppten. Es war schon hell, die beiden Angetrunkenen versuchten, mich zu einem günstigen Fahrpreis nach Schönefeld zu überreden. Weil sie das gemeinsame Gespräch immer wieder unterbrachen, um miteinander auf Russisch zu tuscheln, war mir die Sache nicht sonderlich geheuer. Aber da sie ohnehin noch einen Zwischenstopp an einer Tankstelle planten und der vereinbarte Preis von 30 Euro völlig in Ordnung war, ließ ich mich darauf ein.

Mir wurde von Kollegen schon oft vorgeworfen, ich sei etwas leichtsinnig und würde die Gefahr von Überfällen ignorieren. Das ist allerdings nicht einmal zur Hälfte wahr. Ja, ich sacke auch die eine oder andere zwielichtige Gestalt ein, allerdings wohlwissend, dass die wirklich erfolgreichen Räuber nicht gerade die sind, die »I kill you!« auf die Stirn tätowiert haben. Und just besagte Kollegen sind dann die, die sich wegen Kleinkram wie zu lauter Musik oder offenen Fenstern mit jedem Fahrgast anlegen, während ich auch die schweren Jungs zu meinen Freunden mache, indem ich mich auf ihre Art einstelle.

Zurück zu den tuschelnden Russen! Das mit dem Tankstellenbesuch kam mir wirklich gelegen, konnte ich doch hier das Auto praktischerweise unter einer Kamera stoppen und die Zeit während des Einkaufs der beiden Spaßvögel nutzen, um möglichst viel meiner Tageseinnahmen ordentlich zu verstecken. Mit anderen Worten: Ich war zwar optimistisch, eine schöne Tour zum Abschluss der Schicht zu haben, sorgte aber für den Ernstfall vor: Im Falle eines Falles wären die Verluste minimal gewesen, die Chance, die beiden Typen zu kriegen, dafür hoch.

Das natürlich war (wieder einmal) unnötig. Während einer der beiden Radaubrüder umgehend nach dem Erwerb einer Flasche Erdbeerlikör (harte Gangster, ganz eindeutig!) einschlief, zeigte sich der andere interessiert an meinem Job und fragte mich aus, wie das auch 60-jährige Muttchen machen, wenn sie die aus dem Dorf nach Kreuzberg gezogenen Kinder besuchen fahren.

Aber wir waren ja eigentlich beim Thema Beziehungsstreitigkeiten. Sie hätten leider nicht genug Geld für die Fahrt dabei, beichtete mir mein neuer Freund und lieferte ungefragt eine Erklärung nach: Er und sein Kumpel hatten sich mit ihren jeweiligen Freundinnen gezofft, weil sie gerne noch länger saufend durch die Gegend ziehen wollten. Die Frauen jedoch wollten heim. Also haben sich die Jungs großkotzig der Weiterfahrt verweigert und ihren Partnerinnen unter die Nase gerieben, dass sie ihnen gar nichts können und sie dann eben heimlaufen würden. Bei 20 Kilometern eine sportliche Ansage. Sie erwarte deshalb »große Ärger«, wurde mir mitgeteilt. Aber die Freundinnen sollten die Fahrt bezahlen. Na wunderbar!

Entsprechend glücklich verlief dann auch das erste Telefonat auf Russisch im Taxi. Inhaltlich habe ich zwar kein Wort verstanden, dafür war ich schnell überzeugt davon, dass sie ihr Verbalgefecht auch ohne Telefon hätten austragen können, denn lautstärkenmäßig waren die beiden ungefähr ab Karlshorst in Rufweite zueinander. Das alles macht man als Taxifahrer ja hier und da mal mit, aber mir wurde mulmig, als der Betrunkene anfing, mir Instruktionen für die Ankunft zu erteilen. Ich solle besser nicht direkt vor dem Haus halten, aus Sicherheitsgründen. Ich müsse nicht die Polizei rufen, er würde das sicher klären können. Hätte bisher auch fast immer geklappt. Fast?

In immer bedrohlicheren Szenarien wurde mir die Gewalttätigkeit der nur so halb auf sie wartenden Furien geschildert und das Ziel rückte erschreckend schnell näher. Nicht einmal mit dem Hinweis, das Ziel liege »nicht da hinten im Ghetto«, war mir noch die Sorge zu nehmen.

Entgegen der ursprünglichen Sicherheitshinweise dirigierte mich der schnell noch einen Schluck aus der Pulle nehmende Typ direkt vor ein Haus, an dessen Eingang bereits zwei grimmige Gesichtsausdrücke mit anhängenden Personen warteten.

»Du bleibe besser bei Auto, wir große Ärger!«, schlug man mir noch einmal vor, doch eine der Frauen rannte da schon in unsere Richtung. Ich stieg aus, die Hände gleichermaßen abwehrend wie kapitulierend erhoben. Die eigentlich recht zierliche Frau stürmte mit unbeschreiblicher Energie auf mich zu, und wäre was dran an den sprichwörtlich tötenden Blicken, würde diese Worte niemand mehr zu Papier bringen können.

Statt die durchaus erwartete Ohnmacht durch einen plötzlichen Faustschlag genießen zu können, hatte ich in Kürze einen Kopf unter mir ein furchtbar hübsches Gesicht, das mich nach einer 180-Grad-Wende aller Muskeln anlächelte und mir ohne jeden Umstand das Geld gab. Puh.

Schließen möchte ich das Kapitel jedoch lieber nicht mit einer Schwein-gehabt-Geschichte, sondern ein wenig ironischer. Es war in dem Fall kein wirklicher Streit, eher eine Neckerei zwischen meinen beiden Passagieren. Optisch ein junges Lehrerpärchen, ein braver knuffiger Hund anbei. Wir plauderten ganz nett, da zückte sie deutlich vor Fahrtende ihren Geldbeutel und begann darin herumzusuchen. »Was wird das jetzt?«, entfuhr es dem Mann. »Na, ich such' nach Trinkgeld. Du hast gesagt, das Taxi zahlst du …«

»Ja eben, und deswegen …«

Die Dame wendete sich zu mir und ließ mich wissen: »Ich arbeite in der Gastronomie. Ich weiß, wie wichtig das Trinkgeld ist. Mein Mann hat das nie so recht draufgehabt. Inzwischen … naja: Ich hab ihm beigebracht, dass man zehn Prozent gibt und jetzt gibt er meistens 20 Prozent, weil er zu faul ist, das auszurechnen. Also übernehme ich das Trinkgeld jetzt.«

Während ich – selbst nicht der Schnellste im Rechnen – rausfand, dass das für mich aber gar kein guter Deal wäre, wenn sie das übernimmt, warf ihr Mann ein, dass er durchaus alleine Trinkgeld geben könne und das auch tun würde.

»Na, ich gebe jedenfalls auch welches!«, ließ sie wiederum verlauten. Das konnte ja nicht gut gehen. Zumal es irgendeine geheime Regel geben muss, die besagt, dass das Trinkgeld immer dann mies ausfällt, wenn es großspurig angekündigt wird. (Das wurde mir während meiner Taxifahrerlaufbahn schnell klar. Den Vogel abgeschossen hatte gleich nach meinem ersten halben Jahr im Taxi ein Typ, der mich in den Himmel gelobt hat dafür, wie toll es wäre, dass ich ein Erbarmen hätte und ihn zum Kurzstreckentarif beförderte. Er gelobte, dass es sich für mich lohnen würde, nicht so ein gemeiner Fahrer zu sein, der ihn ablehnt. Nach zwei Minuten Dankesrede bezahlte er die damals gültigen 3,50 Euro Pauschalpreis mit sage und schreibe 3,70 Euro. Man sollte dazu sagen, dass – ich hab das anhand meiner Fahrten statistisch ermittelt, ich schwöre! – glatte 50 Prozent der Fahrgäste damals auf vier Euro und weitere 15 Prozent etwa auf einen Fünfer aufgerundet haben bei dem Preis. Prozentual noch schlechter weggekommen bin ich bei einem Typen, der mir ungeachtet des Taxitarifs unbedingt eine Billion Euro zahlen wollte und dann nur drei Zahnstocher gegeben hat … aber ich schweife ab.)

Meine beiden Fahrgäste nestelten also bereits beide in ihren Portemonnaies, als ich das Auto am Straßenrand anhielt. Wirklich auf gutes Trinkgeld optimierte 10,40 Euro hatte ich da zusammengefahren. »Machste, machste fünfzehn!«, presste er hervor, wandte sich aber gleich professionell arrogant seiner Partnerin zu und grinste. »Wow, das sind aber auch mehr als 20 Prozent!«, warf ich ein.

»Na ja, wenn Madame meint, ich könne das nicht …«

»Und das hier ist von mir!«, sprang besagte Madame ein und ließ einen Zweier in meine Hand fallen. »Ja, ich kann ja jetzt hier nicht großspurig was ankündigen, und mich dann nicht daran halten …«, begründete sie ihre Entscheidung.

Solchen »Streit« möchte ich dann auch im Taxi keinesfalls vorschnell beendet wissen.

Das Berlin des Herrn Sarrazin

Selbst der ein oder andere Kollege fühlt sich manchmal bemüßigt zu fragen: »Fährst du etwa auch in Neukölln?« Machen wir uns nichts vor: Berlin ist keine Blumenwiese, auf der rosa Einhörner grasen und Regenbogen kacken. Berlin ist eine Stadt mit knapp dreieinhalb Millionen Einwohnern, einem ziemlich großen Finanzproblem und Sorgen an allen Ecken und Enden. Rein statistisch leben in Berlin hundert- bis hunderttausendfach Idioten, Psychopathen, Mörder und sonstige Leute, denen man insbesondere nachts nicht über den Weg laufen – oder wie in meinem Fall: fahren – möchte. Natürlich unterscheiden sich die Bezirke und Stadtteile enorm voneinander und es gibt sicher Häufungen von Kriminalität an bestimmten Plätzen. In Wirklichkeit verbirgt sich hinter der Angst vor ausgerechnet Neukölln oder dem Wedding allerdings vielfach einfach nur dummer Rassismus. Außerhalb des Taxis, viel mehr aber leider noch im Gewerbe selbst, herrschen nach wie vor Stereotype, deren Ausformulierung oft die Grenze der Strafbarkeit eindeutig überschreitet. Und wie überall ist das einfach nur blödsinnig.

Natürlich nehme ich auch Winker nachts in Neukölln mit! Selbstverständlich auch Gruppen von Jugendlichen, die ihrem Aussehen nach einen Migrationshintergrund haben! Sicher, das sind nicht immer angenehme Zeitgenossen. Wer darin aber ein ausschließlich kulturelles Phänomen vermutet, dem empfehle ich, mal eine Großraumtour mit sechs Bauern aus dem Allgäu zu machen, die während der Grünen Woche nach Berlin kommen, um für ein paar Tage ihrem Dorfalltag zu entfliehen und in der anonymen Großstadt so richtig auf den Putz zu hauen. Oder Polizeischüler und Bundeswehrsoldaten mit ihrer »gepflegten« Ausdrucksweise.

Ganz ehrlich: Kaum jemand wäre so froh wie ich als Taxifahrer, wenn man an der Hautfarbe der Menschen ablesen könnte, wie sie ticken. Es würde den unangenehmen Teil der Spannung am Taxifahren – die Unsicherheit – natürlich prima senken, wenn man Leute so einfach aussortieren könnte. Kann man aber nicht.

Ich gebe zunächst jedem Menschen die Chance, sich unbeliebt zu machen. Bevor er das allerdings tut, begegne ich ihm als aufgeschlossener und freundlicher Dienstleister und warte ab. Und meine Statistik gibt mir Recht. Im Vergleich zu vielen Kollegen hab ich wenige Ausfälle wegen nicht bezahlter Fahrten zu vermelden, keine körperlichen Angriffe, und bei fast allen erdenklichen Schwierigkeiten, die der direkte Umgang mit Menschen so bringen kann, rangiere ich zwischen den Kollegen allenfalls im unteren Mittelfeld. Was natürlich nicht heißt, dass es nicht trotzdem hin und wieder schwierig ist.

So erinnere ich mich an eine beeindruckende Fahrt vom Kottbusser Tor aus. Das ist – für die Nichtberliner – nicht nur ein handelsüblicher Kreisverkehr und eine U-Bahn-Haltestelle, sondern auch das, was gemeinhin als sozialer Brennpunkt betrachtet wird. Rund ums »Kotti« ist die Bevölkerungsdichte so hoch wie in Manhattan, die Arbeitslosigkeit ist gefühlt höher als die Anzahl der Menschen insgesamt und als Wohnadresse sind die Bauten am Platz zumindest in der Vergangenheit vor allem bei den Leuten beliebt gewesen, die nicht weit laufen wollten, um sich ihre Drogen zu besorgen. Einer der Orte, an dem sogar das zu stimmen scheint, was dieser Berufsphobiker und leider mehr Bücher als ich verkaufende Querulant namens Thilo

Sarrazin dank falsch interpretierter Statistiken für ein Ausländerproblem hält.

Und ausgerechnet dort pöbelte sich eine Gruppe junger Männer quer über die Straße und rief nach einem Taxi. Ein Trupp, der haargenau dem Klischee einer umhermarodierenden Bande krimineller Araber entsprach. Nicht wirklich sympathisch auf den ersten Blick, zugegeben.

Natürlich hatte auch ich erst einmal den Wunsch, sie würden sich den Kollegen schnappen, der gerade von der anderen Seite an den Platz heranfuhr, aber nachdem sie mich bereits herangewunken hatten, ließen sie das andere Taxi trotz leichterer Verfügbarkeit einfach fahren und warteten, bis ich an der roten Ampel halten musste. Sie verteilten sich rund um mein Auto, redeten noch ein wenig und begannen natürlich erst einzusteigen, als längst grün war und hinter mir gehupt wurde.

»Der Kanake da vorne zahlt!«, wurde mir von hinten ins Ohr gebrüllt und ich hab mich wirklich weit weg gewünscht in diesem Moment. Ich kann mit Übermut und gegenseitigen Beleidigungen von Jugendlichen ganz gut umgehen, aber grenzenlos ist auch meine Geduld nicht.

Der angesprochene »Kanake« auf dem Beifahrersitz allerdings entpuppte sich als eigentlich recht vernünftig wirkender junger Mann. Er entschuldigte sich für die Wortwahl seiner Kumpels und nannte mir eine Adresse, die ein paar Kilometer entfernt lag. Eine durchschnittliche Fahrt von der Länge her.

Nach ein paar Metern tauchte plötzlich neben mir eines der Gesichter von der Rückbank auf und rief mir aus so geringer Entfernung, dass ich den Luftzug des Atems spüren konnte, zu: »Machma Kurzstrecke, Alter!«

Das ging natürlich nicht. Weder von der Entfernung her, noch jetzt nach Fahrtbeginn. Den Kurzstreckentarif muss man vorher ansagen, schon alleine, weil wir Taxifahrer das Taxameter später nicht mehr entsprechend umstellen können.

»Und bring' uns Alex!«

Ich hab das Auto an den Straßenrand gefahren und bin dem aufkommenden Gemecker, warum wir stehen würden, entgegengetreten: »Stopp jetzt! So nicht, Jungs!« Im Rückspiegel ahnungslose Gesichter, auf dem Beifahrersitz Fremdscham.

»Kurzstrecke is' nicht! Is' zu spät. Und bis Schöneberg reicht das eh nicht. Und falls es stattdessen zum Alexanderplatz gehen soll, dann einigt euch drauf. Ich kann doch nicht an jeder Kreuzung eine neue Richtung einschlagen.«

»Hör' nicht auf die, die sind besoffen!«, meinte der Fahrgast von rechts und verdrehte die Augen: »Wir zahlen den Preis auf der Uhr, ist doch klar.«

Ich hatte also Recht: Das waren nur zwei Idioten und ein sehr zu bedauernder Freund. Die hinten jedoch gaben sich große Mühe, anstrengend zu sein. Sehr große. Die Lautstärke pegelten sie irgendwo jenseits der 100 Dezibel ein, das Vokabular kreiste im Wesentlichen um Computerspiele und Geschlechtsverkehr. Dabei ist mir aber etwas Besonderes aufgefallen. Obwohl sie sich keineswegs ans diplomatische Protokoll hielten mit ihrer Ausdrucksweise, beleidigten sie weder Frauen noch Homosexuelle. Etwas, das bei solchen Spinnern ja leider oft mit dazugehört. So lange sich die Fahrgäste nur gegenseitig anpöbeln, sollen sie das meinetwegen tun.

Einige Male noch versuchten sie, mir andere Fahrtziele zu nennen, aber nach einem Blick auf den Typen rechts, der dezent und kaum merklich den Kopf schüttelte, fuhr ich immer weiter zum ursprünglichen Ziel. Abgelehnt habe ich auch, mich an der Entscheidung zu beteiligen, ob der mit der dunkelsten Hautfarbe jetzt eher Kanake oder Nigger genannt werden sollte. Ich dachte an die armen Leute, die tatsächlich unter den Beleidigungen litten, um die sich der angesprochene Töffel auch noch wortreich bewarb. Aber trotz verbaler Angriffe, trotz Kabbeleien mit Handgemenge: Eigentlich verstanden die drei sich prächtig. Ich hatte seit dem kurzen Stopp am Straßenrand ganz zu Beginn keine Sorgen mehr, dass ich als Fahrer mit den Jungs Ärger haben würde. Sie waren laut und sie beschimpften sich gerne. Aber sie konnten auch einstecken und leise sein, wenn es nötig war.

Und so standen wir dann irgendwann auf einem einsamen Hinterhof in der Schöneberger Nacht. Im Grunde nicht weniger gruselig als Neukölln, wenn man mich fragen würde. In dieser Situation aber unfreiwillig komisch, weil es hinten im Fond tobte und zappelte und die zu den Bewegungen gehörende Stimme in breitestem Slang schrie: »Scheiße Mann, bin isch hier Kindersischerung!«

Ich hatte schon clevere Fahrgäste, die das Fenster runtergemacht haben, um die Türe von außen zu öffnen. Darauf hätte ich bei dem jungen Mann sicher lange warten können …

Sein Kollege vorne versank immer tiefer in den Ledersitzen, er wollte die ihm unangenehme Situation nur möglichst schnell beenden, bekam aber den Fahrpreis nicht zusammen. Also nicht richtig. Wir waren bei 10,40 Euro gelandet und er wollte mir keinen Fünfziger geben, weswegen er etwas nach Kleingeld kramen musste. Am Ende schwatzte er es dem zappelnden Etwas hinter mir ab, der mir einfach drei Euro in die Hand drückte und sich mit plötzlich ganz normaler Stimme nett und höflich dafür bedankte. Dafür, dass ich so cool geblieben wäre, obwohl sie vielleicht auch ein klitzekleines Bisschen stressig gewesen sein könnten.

Den Vogel abgeschossen hat aber der Dritte im Bunde, der sich geärgert hatte, dass ich ihn nicht rassistisch beleidigen wollte, und der sich jetzt auch bemüßigt sah, sich zu bedanken. Er tat das ganz im Sinne der Völkerverständigung mit folgender Ansprache:

»Wir sin' ordentlische Leute, weisstu? Nur betrunken. Mach disch nisch Vorurteil! Kein Vorurteil wie Sarrazin! Hey, Kanake, Scheiße, Ausländer, Deutsche, Ost, West – wir sin' alles eins! Wir sin' cool! Vielleischt nisch jetzt. Aba wart' mal paar Jahre!«

Die beiden von der Rückbank sprangen rechts raus (wo keine Kindersicherung drin war) und torkelten in Schlangenlinien von dannen, während sie »Wir sind Deutschland, schalalalala!« skandierten. Der letzte nickte mir mit hochgestrecktem Daumen fast schon verschwörerisch zu und lächelte.

Klar war die Fahrt anstrengend. Sehr sogar. Ich erzähle davon trotzdem gerne, weil sie so schön zeigt, dass sich die Idiotie nicht an Ländergrenzen hält. Man braucht als Taxler manchmal Geduld und guten Willen. Aber ebenso wie nur wenige Fahrten mit beispielsweise Türken so absurd sind wie die obige, so gibt es auch grenzwertige Erfahrungen mit anderen. Ein zeternder deutscher Rentner hat mich schon des Betrugs gescholten, weil ich eine kürzere Strecke gewählt hätte als er wollte, und die einzigen Typen, die jemals mit voller Absicht ohne zu zahlen abgehauen sind, waren Deutsche.

Die drei Jungs aus meiner Anekdote oben haben sich wenigstens über ihre etwas unklare Stellung als Ausländer in Deutschland amüsieren können, während die meisten Schimpfworte am Ende doch immer von irgendwelchen Armleuchtern kommen, die befürchten, irgendwer würde ihnen was wegnehmen, und sei es ihr Land, obwohl sie nie eines besessen haben.

Dass mehr Lockerheit bei schwierigen Themen guttun könnte, bewiesen zwei ebenfalls junge Männer aus dem südöstlichen Raum. Beide waren ziemlich voluminöse Brecher, auf den ersten Blick eher grobschlächtig und ebenfalls in ihrer Wortwahl nicht zimperlich. Beinahe hätte ich sie nicht gefahren, denn sie wollten illegalerweise einen Festpreis für eine eigentlich nicht sehr lange Fahrt aushandeln. Mein Nein haben sie aber ohne Murren akzeptiert und fortan ein bisschen über ein gerade im Rahmen einer Fußball-EM beendetes Spiel zwischen Frankreich und Spanien gemeckert. Sie hatten unterschiedliche Wetten platziert, sonst hatten sie mit den Mannschaften eher weniger zu tun:

»Ach, sag isch: Hör nich auf den da hintern! Der ist von Iran!«

»Ja ja, Mann! Aber der Holzkopf da vorne ist Jude!«

»Immer vorsichtig mit Mensche von Iran, sag ich!«

»Geh doch heulen bei wie heißt der? Netanjahu?«

Während ich mir noch überlegte, wie ich damit umgehen sollte, sind die beiden Typen richtig witzig geworden:

»Alta, wirst du so verlieren morgen, weil du Scheißen-England bist!«

»Voll egal, wo ich bin! Deutschland putzt eh weg. Wird Deutschland Aropameister.«

»Haha, has' gehört dem Iraner? Sagt Arabermeister.«

»Hab ich net!«

»Hat gesagt Arabermeister, der alte Araber!«

Mir gegenüber haben sie dann großspurig erklärt, dass der eine nur so dusseliges Deutsch sprechen würde, weil er erstmals Alkohol getrunken hätte und so weiter. Was Monty Pythons »Das Leben des Brian« für das Leben Jesu war, war diese Taxifahrt für den Nahostkonflikt: eine wunderbare Parodie, bei der man sich als Zuschauer fragen musste, wie man sich so etwas Groteskes auch nur ausdenken kann.

Man trifft auch im Taxi immer mal wieder auf Leute, die allen Vorurteilen gerecht zu werden scheinen. Aber im

Gegensatz zur örtlichen Dorfdisco, wo vielleicht wirklich nur die immer gleiche Proll-Clique rumhängt, sitzen im Taxi auch mal die unüblichen Beispiele. Um meinen Chef zu zitieren: »Jeder fährt irgendwann mal Taxi.« Und dann merkt man plötzlich, dass es neben dem italienischen Macho auch noch den besorgten Freund gibt, der seine Liebste für 20 Euro extra begleitet, damit sie sicher heimkommt. Auf die unangenehmen türkischen Schreihälse kommen plötzlich noch zwei Gruppen äußerst höflicher junger Männer, die sich mehr als man selbst um ordentliches Auftreten, gutes Trinkgeld und sogar die vielgehasste Straßenverkehrsordnung kümmern.

Und man merkt, was diese ganzen Vorurteile anrichten können: Als der Junge mich ansprach, wollte er erst einmal wissen, wie weit es zum Kottbusser Damm sei. Genau genommen wollte er nebenan in eines der schönsten Altbauviertel von Kreuzberg. Ich sagte ihm, dass das ungefähr drei Kilometer wären, etwa acht Euro Fahrtkosten mit dem Taxi.

»Echt? Nur? Prima! Ich würde dann noch aufrauchen und wenn bis dahin keiner kommt, würde ich mitfahren. Ist das okay?«

»Sicher doch.«

Keine lange Fahrt, aber offenbar eine angenehme. Ich hatte wirklich nichts dagegen. Er stieg dann bei mir ein, sein Reisegepäck passte noch in den Fußraum. Ein gut gebauter junger Mann, strahlendes Lächeln, umwerfender Charme. Gepflegter Bart, Kurzhaarfrisur, lässige, aber nicht verlotterte Kleidung, eine unscheinbare Mütze auf dem Kopf. Ohne Umschweife fing er an zu quasseln: Endlich wieder in Berlin, Freunde besuchen, die Stadt mal wieder anschauen, Party, freies Wochenende, diese Geschichten eben. Ist hier ja alles noch cooler als zu Hause und hey, du kommst doch auch aus Süddeutschland!

»Erwischt.«
»Cool, woher genau?«
»Aus Stuttgart direkt.«
»En Stuagarder! I komm' aus Freiburg, bin aber oft in Stuttgart g'wäsa, zum Feiern.«

Wir quatschten uns schnell fest. Die Unterschiede zwischen Stuttgart und Berlin, dieses und jenes, aber dann wurde er etwas ruhiger und nachdenklicher: »Weißt du, ich war eigentlich immer gern in Stuttgart. Und natürlich ist Berlin auch wegen der Clubs toll, aber vor allem isses schön, dass ich hier abends weggehen kann, ohne mir einen Kopf zu machen. Ich weiß nicht, wie's dir so ging dort, aber bei mir – schau mich doch an! – war's immer erst mal nervig …«

Ich brauchte ihn nicht gesondert anzusehen, ich wusste, was er meinte. Er war unschwer auch in der Kreuzberger Nacht als Dunkelhäutiger zu erkennen. Und deswegen: »Jedes Mal – obwohl nee, nicht übertreiben! – aber drei von vier Mal, wenn ich in Stuttgart weggegangen bin, haben sie mich angehalten. Die Polizei. Angehalten, kontrolliert und gefilzt. Das ganze Programm eben. Und hier in Berlin? Nie! Kein einziges Mal!«

Ich musste ihm leider beipflichten. Ich selbst hatte diese Kontrollen in meiner Jugend zwar vor allem an der Backe, weil ich der überschaubaren linken Szene angehörte und schon einen Bart trug, bevor das in den letzten Jahren wieder cool wurde, aber: Ja, ich kannte das. Und dass das Menschen wie ihn noch öfter traf, wusste ich auch. Ich war ja damals auch nicht links, weil ich die Kehrwoche blöd fand. Ich musste meinem Fahrgast Recht geben, dass es erniedrigend sein kann, wenn sich bewaffnete Uniformierte über das Gepäck lustig machen, neugierig die Kondome oder die Bücher in der Reisetasche beäugen.

»Ich war ja mal in Köln. Da isses schon eher wie hier. Hab da auch Leute kennengelernt, aus Eritrea. Als die das gehört haben, meinten die, wir wären paranoid, so'n Quatsch, alles Bullshit, sowas gäbe es in Deutschland gar nicht. Und dann haben die uns besucht. Ich weiß, das ist jetzt echt scheiße, das so zu sagen, aber ich fand es total lustig, als die Bullen uns gleich am ersten Abend so richtig gefickt haben. So richtig! Völlig unverschämt und drangsalierend. Die haben uns so auseinandergenommen, dass die Kölner zu flennen angefangen haben …«

Wir standen schon längst vor der Zieladresse, während wir uns unterhielten. Ich hatte die Uhr gestoppt, das war nicht mehr geschäftlich. Ebenso wie vieles von dem, was der junge Mann erzählte, vonseiten der Beamten übers Geschäftliche weit hinausgegangen sein musste.

Er saß da neben mir, vielleicht fünf Jahre jünger als ich und das absolute Musterbeispiel für Integration. Akzentfreies Deutsch, sogar ein leicht schwäbischer Dialekt. Lässig, aber ordentlich. Student, Maschinenbau, aufgeschlossen und freundlich, höflich und immer lächelnd. Und keine sieben Stunden vor unserem zufälligen Zusammentreffen am Berliner Ostbahnhof am Stuttgarter Hauptbahnhof das letzte Mal kontrolliert. »Nur so normal, Ausweis zeigen halt …«

Und bei den Taxifahrern sieht das mit den Vorurteilen nicht besser aus. Wie oft wird das (oft auch nur vermeintliche) Herkunftsland für irgendwas verantwortlich gemacht! Wie oft ich schon dieses vermeintliche Lob »endlich mal ein deutscher Taxifahrer!« über mich ergehen lassen musste. Als ob ich was dafür könnte.

Ich kenne einen türkischen Kollegen, der witziger ist, als ich es je sein werde. Ich kenne einen Iraner, der bei der kürzesten Strecke gewissenhafter ist als alle anderen. Ich kenne einen Polen, der dreimal so viel arbeitet wie ich, bloß um nicht wieder Arbeitslosengeld beantragen zu müssen. Ein Russe ist kollegialer als alle anderen mir bekannten Taxifahrer und ich werde gelobt, weil ich zufällig hier geboren wurde? Noch dazu als Schwabe, und damit ja eigentlich in gewissen Kreisen auch nicht sonderlich wohlgelitten in der Hauptstadt.

Die Welt ist nicht schwarz-weiß und Berlin ist nicht Neukölln-Grunewald. Es gibt immer solche und solche und es ist leider nicht so einfach. Nach meiner persönlichen Statistik beginnen die schwierigen und stressigen Fahrten häufiger mit »Endlich ein Deutscher!« als mit »Bring misch Kotti, Alter!«.

Aber ich bin ja auch nur ein glücklicher Taxifahrer mit etwas Ahnung vom Leben in der Stadt und kein Ex-Finanzsenator, der sich aus Angst vor dem Mob in einen Elfenbeinturm verzieht.

Heißt es Taxis oder Taxen?

Aufmerksamen Lesern wird schon aufgefallen sein, dass ich beim Beschreiben mehrerer Autos sowohl Taxis als auch gelegentlich Taxen als Plural verwende. Und ist Taxis nicht eigentlich falsch?
Das hatte ich auch mal gedacht, stimmt aber nicht. Im Gegenteil: Es ist sogar der einzig korrekte Plural von Taxi. Taxen ist die eigentlich umgangssprachliche Form und leitet sich vom ebenso umgangssprachlichen Wort Taxe ab – das heute (wie das Wort Taxi auch) viel verwendet wird, um das Auto zu beschreiben, obwohl es ursprünglich aus dem Wort für die Gebühr hervorgegangen ist, bzw. für deren Zähler, das Taxameter.

Korrekt ist also:
Das Taxi / die Taxis und
Die Taxe / die Taxen

Oder um es vereinfacht zu sagen und die gängigen Gerüchte beiseitezuschieben: Zumindest umgangssprachlich kann man nichts falsch machen.

»Wie im Fernsehen« – Taxis in Medien und Wirklichkeit

Kaum dass die Türe geöffnet wurde, schalmeite es mir bereits entgegen: »Das ist ja Wahnsinn! Genau wie in New York!« »Was denn?«, fragte ihre Freundin. »Na, er hat wirklich angehalten!« Und dann zu mir: »Sie haben wirklich angehalten!«

Heranwinken: Eine für viele Leute in Deutschland heute offenbar eher unbekannte Form, ein Taxi zu bekommen. Während in meiner Generation die Bestellung per App und das Heranwinken vorbeifahrender Taxis recht üblich ist, scheint die telefonische Bestellung von zu Hause aus für andere immer noch die einzig mögliche Art zu sein, ein Taxi zu ordern. Und wie oft habe ich Menschen auf der Straße getroffen, die extra an einen unbesetzten Taxistand in einer Nebenstraße gewatschelt sind, anstatt sich auf der vielbefahren Kreuzung ein Auto heranzuwinken. Manchmal glaube ich zu erahnen, wie behäbig das Gewerbe in den 1980er-Jahren gewesen sein muss.

Meine ersten Jahre im Taxi sind unterdessen noch nicht sonderlich lange her und mit der weltweiten Verbreitung bestimmter Phänomene der Popkultur zogen sicher auch einige Neuinterpretationen unseres Berufes in die Köpfe unserer Kunden ein. Und dass das Bild von Taxis und deren Fahrern gerade für Wenignutzer von den Medien inspiriert und beeinflusst wird, ist wohl keine allzu steile These, die ich somit auch ohne besondere Expertise auf dem Gebiet der Medienwirkung aufstellen kann.

Dabei tauchen Taxifahrer meist nur in Nebenrollen auf und es ist somit gar nicht so leicht, berühmte Fahrer-

Charaktere auf der Leinwand zu finden. Unlängst erklärte in einer Folge der populären BBC-Serie »Sherlock« der Bösewicht, warum das so ist und wie auch er das Radar des begabten Detektivs unterlaufen konnte: »An den Taxifahrer erinnert sich niemand!«

Und das kommt der Realität doch recht nahe. Wir tauchen im Alltag wie auch in vielen Filmen und Serien auf. Unentwegt. Aber ebenso wie wir in einem Actionfilm meist nur für eine einzelne Verfolgungsjagd herhalten müssen – wobei man sich am Schluss eher noch das Fabrikat des letztendlich zerstörten Autos merkt als das Gesicht des Fahrers – spielen wir selten eine wirklich wichtige Rolle im Leben unserer Kunden. Wen interessieren schon die zwanzig Minuten im Auto, wenn man an dem Tag geheiratet hat?

Am Ende bleiben oft Einzelausschnitte oder Stereotype hängen. Der Satz »Folgen Sie diesem Wagen!« wurde in Krimis deutlich zu oft gesagt, denn anders lässt sich nicht erklären, wie furchtbar lustig es meine Kunden finden, diese Wendung immer wieder mal im realen Leben auszuprobieren. Was mich persönlich noch mehr genervt hat, gerade in den ersten Jahren, war das in Deutschland sehr beliebte Format »Quiztaxi«. Wie oft ich abgelehnt habe, Fragen zu stellen und Geld zu verteilen, kann ich nicht mehr zählen.

(Kleiner Einschub: Ebenso wie sich das Wort Taxi zunächst fürs Auto – anstelle der Gebühr, bzw. des dazugehörigen Zählers, des Taxameters – eingebürgert hat, passiert das seit Jahren mit dem Fahrer selbst. Das ist zwar nicht schlimm, aber doch etwas irritierend, wenn man mit seinem Auto gleichgesetzt wird. Nicht ohne Grund lautet einer der in meinen Augen besten Taxiwitze:
»Ach, sind Sie das Taxi?«
»Nein, ich bin nur der Fahrer. Mein Auto ist etwas schüchtern und wartet unten.«)

Hauptsächlich tauchen deutsche Taxifahrer in den Medien in Gestalt griesgrämiger Gesellen mit eher rustikalem Kleidungs- und Sprachstil auf. Eine dieser Referenzen ist zum Beispiel Herbert Fux als Gegenpart zu Gerd Dudenhöffer in der »Familie Heinz Becker«-Folge »Im Taxi«, die 1993 erstmals ausgestrahlt wurde.

Dem internationalen Publikum wurde meines Wissens nach zuletzt in »Unknown Identity« (2011) die Berliner Taxifahrerin Gina vorgesetzt, die eine tragende Rolle in dem Film spielt. Wobei ich hier zum Beispiel bei der Darstellung des Taxiunternehmens schon deutlich amerikanische Anleihen erkennen kann. Den Film habe ich im Übrigen gerne geguckt, obwohl einem gerade die Ortskunde den Genuss verleiden kann. Ich war wohl nicht der einzige Taxifahrer, der vor dem Bildschirm mit Entsetzen entdeckt hat, dass die Fahrt vom Flughafen Tegel zum Hotel Adlon über die Oberbaumbrücke geführt hat. Die unsanfte Landung des Taxis in der Spree habe ich den Filmemachern aber als gerechte Strafe für diesen Umweg durchgehen lassen.

Dass im großen Kino ausgerechnet eher schwierige Typen wie Robert De Niro als Travis Bickle in »Taxi Driver« (1976) oder Samy Naceri als Daniel Morales in »Taxi« (1998) das Steuer in die Hand nehmen und entweder im Gewand wahnhafter Killer oder notorischer Raser als Taxler auftreten, hat unseren Ruf sicher nicht unbedingt verbessert. Obwohl beide Figuren ja durchaus auch eine nicht zu verachtende Fanbase zu besitzen scheinen.

Insgesamt bin ich froh, dass die bekanntesten Taxler in Deutschland dann doch eher reale Personen sind. Ehemalige Taxifahrer wie Joschka Fischer beispielsweise – der wahrscheinlich großen Anteil daran hat, dass ich ungefähr einmal pro Schicht gefragt werde, ob ich studiere oder was ich »eigentlich« machen würde. Was auch nicht unbedingt immer eine Wohltat ist, aber deutlich besser, als für einen potenziellen Killer gehalten zu werden.

Besser noch haben es allerdings die Kollegen aus New York und London. Während erstere wahrscheinlich durch Filme aller Art weltweit das idealtypische gelbe Taxi verkörpern, werden letztere stets mit schickem Schwarz und sehr guter Qualität gleichgesetzt – was in Anbetracht ihrer schweren Ausbildung tatsächlich auch reale Hintergründe hat. »The Knowledge« ist etwas anders konzipiert und hat insbesondere strengere Prüfungskriterien als die Berliner Ortskundeprüfung, der reine Lernumfang scheint jedoch fast vergleichbar zu sein. Zumindest war es das, was ich aus einem langen Gespräch mit einem »London Cabbie« während einer Fahrt durch Berlin mitnahm.

Das einzige Ende für dieses Kapitel kann nur die Empfehlung des Films »Night on Earth« sein. Kaum ein Taxifahrer da draußen, der ihn nicht kennt, kaum einer, der ihn nicht liebt. Der von Jim Jarmusch 1991 produzierte Film ist eine einzige melodramatische Liebeserklärung ans Taxifahren und schildert zusammenhanglos fünf Fahrten in verschiedenen Städten von Helsinki bis Los Angeles, deren Gemeinsamkeit im Wesentlichen das besondere Verhältnis zwischen Fahrern und Fahrgästen ist. Angehende Taxifahrer können aus der New-York-Episode – in der sich Armin Mueller-Stahl als Taxifahrer am Ende von seinem Kunden chauffieren lassen muss – lernen, wie man es nicht macht und dass es niemals so schlimm werden wird.

»Ich habe eine Katze wacht!«

Sprache, Aussprache, Fremdsprachen – man kommt um Kommunikationshürden unterschiedlicher Höhe nicht herum, wenn man in einer Touristenmetropole wie Berlin Taxi fährt. Die deutsche Hauptstadt ist eine Einwanderungsstadt erster Güte und auch wenn ich mit meinen Schwäbischkenntnissen einen gewissen Vorteil habe, bleiben alle in Berlin gesprochenen Sprachen weit außerhalb der Lernmöglichkeiten eines einzelnen Menschen.

Dass in Berlin nicht jeder (perfekt) Deutsch spricht, wissen immer die zu bemängeln, die keine anderen Probleme haben als den Dialekt oder Akzent des Gegenübers. Ich muss da an einen verschrobenen Kauz denken, den ich vor Jahren in Treptow zusammen mit seinem Hund eingesammelt habe. Er, nicht mehr der nüchternste in der Mutterstadt in jener Nacht, erzählte mir mildtätig, er halte jene mit den zwei anderen Urberlinern zusammen. Wer die seien, wüsste er selbst nicht, aber so sei es. Dass in Berlin »kaum noch Berliner leben«, wie gerne geunkt wird, ist natürlich Unsinn. Natürlich findet man keine Berliner unter den Leuten, die sich samstagnachmittags vor der Weltzeituhr am Alexanderplatz fotografieren. Allerdings wird die Zahl der New Yorker, die am Times Square die Fassaden hochschauen, ähnlich gering ausfallen. Und ebenso landen im Taxi eben viele Leute von außerhalb, schon alleine, weil sie im Gegensatz zu geübten Bewohnern der Spreemetropole nicht jene Übung mit den Notfahrplänen der Berliner S-Bahn oder dem Schienenersatzverkehr der BVG haben. Ich jedenfalls sehe das nicht so wild und bin außerordentlich froh, dass ich mir im Laufe der Jahre ein halbwegs verständliches Englisch zugelegt habe – eine Sprache, die sich als kleinster gemeinsamer Nenner im Taxi ausgesprochen gut eignet. Fast 50 Prozent aller Konversationen im Dienst führe ich inzwischen auf Englisch, denn Berlin funktioniert auf Englisch fast so gut wie auf Deutsch. Und die wenigen Kollegen, die meines Wissens kein Englisch können, glänzen dafür allesamt mit anderen Fremdsprachenkenntnissen. Ob es nun die in der DDR aufgewachsenen Taxler mit Russisch-Erfahrung sind oder die vielen Kollegen aus dem türkisch-arabischen Raum, die ihre Muttersprache einbringen. In Berlin ein Taxi zu bestellen, bei dem der Fahrer eine bestimmte Sprache spricht, sollte kein großes Problem sein.

Im Gegenzug dazu können wir uns umgekehrt unsere Kundschaft fast nie aussuchen und das kann zu Problemen oder lustigen Begebenheiten führen. Zusätzlich zu den Fremdsprachen gesellen sich bei unseren Fahrgästen manches Mal ja auch noch der Alkohol oder andere Drogen dazu. Dass es keine Option gibt, einen Taxifahrer zu bestellen, der ähnlich besoffen ist wie man selbst, muss ich hoffentlich nicht extra erklären.

Kürzlich landete ich in der Lehmbruckstraße mit Fahrgästen, die in die Lenbachstraße wollten. Glücklicherweise in die in Friedrichshain, so dass der Umweg wegen der englisch angehauchten Aussprache sich in Grenzen hielt. Noch verhältnismäßig schnell aufgeklärt hatte ich die Nachfrage nach einer ominösen »Zoostraße«, in die ein angetrunkener Amerikaner gebracht werden wollte. Ausgerechnet eine solche Straße gibt es nicht, was in Anbetracht vieler doppelter Straßennamen und gleich zweier zoologischer Gärten in Berlin durchaus ein kurioser Fakt ist. Eigentlich wollte der Fahrgast aber auch in die Torstraße und ich warte bis heute auf eine Erkenntnis, unter welchen besonderen Bedingungen sprachlich aus einem Tor ein Zoo werden kann.

Noch schwieriger gestaltete sich die Fahrt mit einem jungen Japaner, der offensichtlich fleißig Deutsch gepaukt hatte und selbstbewusst »Suulischdagaadn« als Fahrtziel angab. Dieses Mal war wirklich der Zoo gemeint.

Ein paar Landsleute von ihm stellten mich dann jedoch eines Nachts vor wirkliche Probleme, als sie mir Folgendes anboten: »Binge Esa of Assahasasse!«

Natürlich ließ sich das mit Händen, Füßen und weiteren Worten irgendwie wieder geraderücken und ich fuhr sie letzten Endes zur allgemeinen Zufriedenheit genau dorthin, wo sie hinwollten: zum S-Bahnhof Warschauer Straße.

Die Reihe lässt sich fortsetzen: »Tekesausberblatsch« ist die Apotheke am Strausberger Platz, die »Kalriut Street« ist natürlich die Kalkreuthstraße und »Karte Olsrick« alias »Kater Holzig« war auch nicht besonders schwer zu erraten, als es diesen Club noch gab. Ich hab sogar schon einmal zeitnah herausgefunden, dass der »Njuknjudarodaweg« der Hüttenroder Weg in Neukölln sein soll. Oder dass die »Bossdemstrass« nur die eine fast allen Berlinern bekannte Potsdamer Straße in Tiergarten ist – und nicht einmal eine der anderen gleichen Namens. Und die »Ollandostraße« ist nicht unbedingt die Holländerstraße, es könnte auch die Uhlandstraße sein. Die Extraktion der Lynarstraße aus »Bumastraß« konnte ich indes leider nicht ohne elektronische Hilfsmittel vornehmen.

Manchmal überrascht mich mein Verständnis aber auch wieder, wie beispielsweise bei einem zwar deutschen, dafür

aber heftigst angeschlagenen Mann mittleren Alters, der mich schwankend in Marzahn an den Straßenrand winkte: »Bring's mich Lsnerpls!«
»Zum Alexanderplatz? Klar.«

Leider nicht zustande gekommen war die Tour am Park Inn direkt an ebenjenem Alexanderplatz. Ich fuhr nur zufällig dort vor und traf nach dem Absetzen meiner Fahrgäste auf eine Frau, die mich fragte: »Wee'in? Ju Wee'in? Taxi Wee'in?«

Das alleine war zwar noch leicht zu erörtern, ging es offenbar darum, ein Taxi in den Wedding zu bekommen. Meine Befürchtung, die Frau hätte sich eigentlich aber ein Taxi bestellt und ein anderer Kollege sei somit zuständig, ließ mich nicht los. Das allerdings war nur schwer rauszufinden, denn unser Gespräch beinhaltete mehr Handzeichen als Sprache und das machte die Übermittlung kausaler Zusammenhänge deutlich schwerer. Und während wir mitten in etwas vertieft waren, das Außenstehende vielleicht als »Gespräch« interpretiert hätten, signalisierte die potenzielle Kundin Verständnis und ließ, während sie davonrannte, verlauten, sie würde »na'ucken«. Na'ucken. Okay.

Ich vermutete, sie würde ins Hotel sprinten, um sich mit dem Portier zu unterhalten, stattdessen rannte sie am Gebäude vorbei und ward nicht mehr gesehen. Ich, inzwischen bereit, die Szenerie zu verlassen, registrierte dann die Ankunft eines weiteren Taxifahrers. Der grauhaarige Kollege sah mich verwundert an, bejahte aber die Frage, ob er via Funk eine Fahrt in den Wedding angenommen hätte. Er fand es zweifelsohne toll, dass ich keine Anstalten machte, ihm die Fahrt zu klauen, war allerdings auch etwas verwundert, als ich ihm erzählte, seine Kundin sei eben hier ums Eck verschwunden. Zum Na'ucken.

Was daraus geworden ist, weiß ich leider nicht. Ich habe dem Kollegen die Verantwortung überlassen und mich vom Acker gemacht.

Viel schöner als Verständnisschwierigkeiten sind natürlich die fantastischen Neuschöpfungen, zu denen Nicht-Muttersprachler in der Lage sind. Welchen Bock ich da beizeiten mit meinem dann doch nur mittelprächtigen Englisch im Eifer des Gefechts schon geschossen habe, will ich aber besser auch nicht wissen. Die titelgebende Katze dieses Kapitels beispielsweise wurde von einem Holländer vorübergehend betreut, der meine Nachfragen auch geduldig beantwortete, nachdem er mir berichtet hatte, er »habe eine Katze wacht«.

Noch mehr in Quassellaune waren vier Schweden, die mich nach der Kaiser-Wilhelm-Gedächtniskirche fragten: »Aah! Wir keeneen diesen Kirchen. Ist daas von die kapuute die zweiten Weltkriegen?«

»Ja, genau.«

»Deeshalb man hat gebildet diese modernen Gebäude daneben?«

»So in etwa.«

»Daas ist den modernen! Ist den trendy Kirchen. Trendy Berlin! Wir haaben gelesen in ein Reiseführer, daas Berlin soll sein so sehr trendy. Deswegen wir sagen bei alles waas wir sehen: trendy Berlin!«

Und trendy Berlin hat noch Glück gehabt, ich selbst wurde immerhin schon mit freundlichem Lächeln »Todes-Deutscher« genannt. Glücklicherweise folgte dem eine entschuldigende Erklärung, dass eigentlich gemeint gewesen sei, dass ich »eine totale Deutscher« im Sinne von »hier geboren« wäre.

Die zum Wort gehörige Kundin war es aber auch, die für den schönsten unperfekten Satz verantwortlich zeichnet, den ich im Taxi je zu hören bekommen habe. Es ging um meine Arbeit, die mir an diesem Abend sichtbar Spaß machte. Die junge Frau, laut eigener Aussage »nicht betrunken, nur Niederländerin«, ließ mich dazu nämlich Folgendes wissen:

»It is den richtig, wenn egal arbeiten ist nur du bist glucklich!«

Fremdes Geld

Weil ich in dieser nicht eben touristenarmen Stadt arbeite, komme ich natürlich gelegentlich mit Fremdwährungen in Kontakt. Das war vor der Euro-Einführung sicher noch häufiger der Fall, aber das sind Geschichten, die andere Kollegen erzählen müssen.

Und doch muss ich bei diesem Thema an das Jahr 2000 denken, als ich das erste und bisher einzige Mal in New York City war, zusammen mit einer größeren Gruppe. Das hat bedauerlicherweise dazu geführt, dass ich damals kaum Englisch, sondern mehr Schwäbisch gelernt habe. Ich stand wartend an einem gemeinsamen Treffpunkt, als eines der legendären Yellow Cabs vor mir hielt und eine der ältesten Damen unseres bunten Haufens aus dem Taxi sprang und mich und die anderen fragte: »Hat oiner von eich vielleicht no a paar Dollar? I hen hier nur D-Mark, aber der Taxifahrer will die ned! I woiß ned, was der hat, isch ja gud's Geld, aber der will Dollar!« Meine erste Erinnerung an Fremdwährungen im Taxi: eine schwäbische Rentnerin, die mit D-Mark in New York zahlen wollte. So ist das Leben.

Nun ist das mit fremdem Geld grundsätzlich schwierig. Ich liefere meinen Umsatz beim Chef in Euro ab, trage also erst einmal das Risiko. Ich bin schon bei Euroscheinen kein Falschgeldexperte, wie sollte ich es für brasilianische Reais sein? Das und die absurden Wechselgebühren sind gute Gründe, Fremdwährungen abzulehnen. Und ich schätze, ich würde das auch angesichts der Aussicht auf besonders lange Touren tun, selbst wenn das ein schmerzhafter Verlust wäre. Aber mit angemessenem Zuschlag bei normalen

Fahrten bin ich nicht so. Ich sehe das als Entgegenkommen meinerseits, denn großen Wert auf den Aufwand lege ich natürlich auch nicht.

Einmal fuhr ich eine Gruppe junger kanadischer Touristen, die sich, als es ans Bezahlen ging, um fünf Euro bei den Kosten verschätzt hatten. Diese Situation haben wir mit einem kanadischen Zwanziger bereinigt.

Etwas überraschender war das Erlebnis mit einer jungen und wirklich sehr, sehr betrunkenen Dame, die kaum noch aufrecht zu sitzen in der Lage war und am Ende einer ohnehin nicht sehr teuren Fahrt für etwa acht Euro nur noch dreiirgendwas zusammensammeln konnte. Während ich sie in Gedanken schon einfach aussteigen lassen wollte, weil der Betrag den ganzen Aufwand mit Polizei und Trallala nicht wert gewesen wäre, lallte sie vor sich hin, es sei doch wesentlich einfacher, wenn ich Dollar akzeptieren würde. Nachdem ich das Angebot vorschnell angenommen hatte, nestelte sie weiter herum und zählte nun einzelne Ein-Dollar-Noten ab. Der Verdacht, dass selbst damit am Ende nicht alles bezahlt werden könnte, drängte sich geradezu auf.

Doch auch dieses betrunkene Häufchen Elend angelte plötzlich einen Zwanziger hervor, woraufhin ich ihr sogar ihr Euro-Kleingeld wieder zurückgab. Ich hab ihn noch nicht umgetauscht, er liegt als Souvenir auf meinem Schreibtisch.

Inzwischen gewechselt habe ich den bisher höchsten Geldbetrag in Fremdwährung, aber die Geschichte ist es ohnehin wert, erzählt zu werden: Zwei Jungs, für deren Volljährigkeit ich nicht meine Hand ins Feuer legen würde, stiegen in der Innenstadt am Taxistand ein und hatten eine höchst erfreuliche Fahrt bis nach Kaulsdorf anzubieten. Kostenpunkt: um die 22 Euro. Der Anfang verzögerte sich ewig, weil die Straße, in die sie wollten, in der Mitte unterbrochen war. Was bedeutete, dass ich wissen musste, von welcher Seite aus ich ranfahren sollte. Leider war das den beiden zudem nicht mehr ganz nüchternen Jungs irgendwie total egal und eine Hausnummer hatten sie schon zweimal nicht zur Hand. Als wir dann unterwegs waren, war alles in Ordnung. Die Fahrgäste erwiesen sich als recht aufgeweckte Brasilianer, die auf ihrer Rundreise durch Europa ein paar Tage in Berlin Station machten. Die Verständigung lief über hakeliges Englisch, gestaltete sich aber soweit ganz lustig.

Umso verwunderter war ich, als sie am Ende in fröhlich lockerem Tonfall verkündeten, dass sie wohl leider, leider kein Geld mehr hätten.

»No money, sorry.«

»Yes man, no money, no no no money …«

Obwohl ich das reichlich unverschämt fand, hab ich mit den Jungs mitgelacht und dann genauso freundlich und quietschvergnügt verkündet, dass das schon okay sei, aber ich dann eben die Polizei holen würde. Bei zwei Spinnern mit Betrugsabsicht und einer Tour um die 20 Euro wäre das zwar sicher den Aufwand wert gewesen, aber ich habe nicht einmal ernsthaft daran gedacht. Ich fabulierte einfach mal bunt drauf los, dass die Polizei durchaus die Befugnisse hätte, sie für 48 Stunden festzuhalten, und spekulierte darauf, dass ihnen das nicht gefallen würde, wo sie doch ohnehin nur noch sehr wenig Zeit zum Schlafen bis zu ihrer Weiterreise nach Prag am nächsten Morgen hatten. Und dass sie diesen Zug sicher nicht verpassen wollten …

Und siehe da: Eben noch lachend, entgleisten die Gesichtszüge der beiden zunehmend. Sie flehten mich nach nur wenigen Sekunden förmlich an, doch bitte nicht die Polizei zu rufen und dass sie wirklich kein Geld mehr hätten. Ich kam überhaupt nicht mehr zu Wort und hab die beiden auch nicht weiter eingeschüchtert. Aber der ängstliche Monolog gipfelte in der Aussage, ich möge doch statt der nicht mehr vorhandenen Euro einfach ihr brasilianisches Geld nehmen. Alles. Nur keine Polizei!

Der eine drückte mir eine Reihe Scheine in die Hand, der andere flehte: »No police! Please mister, no police!« Mit einem genervten »Piss off!« hab ich sie in die Nacht entlassen, ohne in meine Hand gesehen zu haben. Es hat mir noch nie Spaß gemacht, Leuten zu drohen. Aber ich dachte an all die anderen Taxifahrer, denen die beiden irgendwann über den Weg laufen würden. Es muss ja nicht die berüchtigte deutsche Gründlichkeit sein, wenn man im Urlaub ist – aber dass man seine Dienstleister bezahlen sollte, ist wohl eine Lektion, die ich ihnen zu Recht mitgegeben habe.

Als ich die Scheine in meiner Hand entknitterte, staunte ich dann nicht schlecht. 127 Reais hatte ich bekommen, laut Internet mit einem Gegenwert von damals 54,59 Euro. Das ist auch der Grund, weshalb ich überhaupt den Plural von Real kenne …

Das brasilianische Geld begleitete mich noch ewig. Meine Hausbank hat es nicht angenommen und Wechselstuben lagen irgendwie nie auf meinem Weg oder sie waren geschlossen, wenn ich vorfuhr. Ganze drei Jahre lang blieben die Scheine unangetastet. Der Kurs war inzwischen in den Keller gegangen und einen Zweier hatte ich mir als Erinnerung schon abgenommen. Am Ende hab ich für die verbleibenden 125 Reais noch 32,63 Euro bekommen. Immer noch ein besseres Trinkgeld als ein Formular von der Polizei.

Surfbretter und Babywale

»Kann's ma ma helfen?«
»Logo. Was ist das?«
»'N Schrank.«
»Oha. Na, immerhin schön praktisch zusammengepackt. Gefällt mir, mal mit Profis zu arbeiten!«
»Hör ma uff mit Profi! Welcher Profi schleppt schon nachts 'n Schrank ohne eigene Karre durch die Gegend?«
»Touché.«

Neben den Fahrgästen ist es bisweilen auch das Gepäck, das uns Taxifahrern Freude oder Leid bereitet. Und auch dafür gilt: Es gibt nichts, was es nicht gibt. Die meisten wirklich skurrilen Dinge wie tiefgekühlte Körperteile oder Killerviren in Paketen bekommen zwar die Kollegen, die anders als ich den Taxifunk nutzen, denn solche Fahrten werden selbstverständlich vorher verbindlich bestellt. Aber nachts um ein Uhr an den Straßenrand gewunken und gefragt zu werden, ob in das Auto auch ein Boot passen würde, ist für mich als Großstädter schon seltsam genug.

In der Berliner Taxiordnung steht, gleichermaßen deutlich wie schwammig, dass wir Taxifahrer »beim Ein- und Ausladen des Gepäcks behilflich [zu] sein« haben. Im Gegensatz zu manch anderen Städten, wie beispielsweise München, ohne für jedes Köfferchen einen Zuschlag ins Taxameter drücken zu können. Ausnahmen sind hier Gepäckstücke, die »nicht in den Kofferraum passen«, eine selbst für mich als viel am Bahnhof stehenden Fahrer seltene Kategorie. Meist geht es um die üblichen Koffergrößen, bei denen zumindest ich mit dem großzügigen Kofferraum meines Opels selten an

Grenzen stoße. Wie hilfsbereit man am Ende ist, richtet sich natürlich immer auch nach der persönlichen Konstitution und dem Sadismus der Fahrgäste. Manchmal bekommt man ein Extratrinkgeld dafür, das mittelleichte Köfferchen mit den drei langen Unterhosen eines Rentners über die Bordsteinkante zu schubsen, manchmal schleppt man 40-Kilogramm-Monstrositäten in den achten Stock, um mit zehn Cent und einem »Na, das war jetzt schon sehr schwer, nicht wahr?« bedacht zu werden.

Wobei das natürlich Extremfälle sind. Einen meiner letzten schweren Asthmaanfälle hatte ich einem Babywal zu verdanken. Vermute ich zumindest. Es könnte natürlich auch sein, dass der Fahrgast den grob geschätzt zwei Kubikmeter messenden Koffer mit Blei ausgegossen hatte. Ich jedenfalls fand mich vier Minuten nach meiner Zusage, das Monstrum ins fünfte Obergeschoss zu schleifen, mit schwerem Atem, zwei Flaschen Prosecco und einem Fünfer Extra in einem Treppenhaus wieder und beschloss, demnächst meine Gesundheit noch vor den Kundenwünschen zu berücksichtigen.

Genau gegenteilig lief die Fahrt mit einem älteren Herrn, der mich nur ausgewählt hatte, weil einer der »Kollegen« am Taxistand ihn verächtlich mit »Na, Opa!« begrüßt hatte. Diesem Mann sollte ich fast eine Viertelstunde widmen, die für mich allerdings sehr harmlos verlief. Sein Gepäck nämlich bestand einzig und alleine aus seiner Sauerstoffflasche, die ich starker junger Mann ihm mit Leichtigkeit in dem Zeitlupentempo nachtragen konnte, mit der er sein Treppenhaus Stufe um Stufe erklomm. Obwohl ich als ehemals im Behindertenfahrdienst Angestellter noch engeren Kundenkontakt kenne, überrascht mich manchmal dann doch auch beim Gepäck, wie weit die Menschen einen als Fremden in ihr Privatleben eindringen lassen.

Als gar nicht scheu erwiesen sich beispielsweise auch drei Rentnerinnen, die freimütig zugaben, dass sie sich bei einer Kaffeefahrt sinnlosen Plunder haben andrehen lassen. Nicht die klassischen Rheumadeckchen zwar, aber allerlei Unterhaltungselektronik und zudem Möbel. Ja, Möbel. Das Einladen ihrer Errungenschaften kostete fast eine Viertelstunde Zeit, dafür war die Fahrt aber auch aufgrund ihrer Länge sehr lukrativ. In dem Fall hatte ich des Gepäcks wegen eher Mitleid mit den Fahrgästen …

Als Taxifahrer muss ich all der potenziellen Kundschaft, schon um mit meinen Kollegen keinen Ärger zu bekommen, sagen, dass man außergewöhnliches Gepäck bitte beim Bestellen eines Taxis mit angeben sollte. Auf der Straße allerdings reizen mich diese meist kleinen und zudem recht seltenen Ausnahmen dann aber doch. Unfassbar umfangreiche Ikea-Einkäufe habe ich selbst schon eingeladen, mancher Kollege weiß auch von den berühmten Waschmaschinen zu berichten, die aus irgendwelchen Gründen noch nachts um drei Uhr von A nach B gebracht werden mussten.

Nicht zu vergessen die drei Jugendlichen, die ihr Flaschenpfand für einen erneuten Alkoholeinkauf einzusetzen gedachten und vor der Türe feststellten, dass sie den Supermarkt mit fünf Taschen pro Person nicht erreichen würden und sich dann für eine Kurzstrecke mit dem Taxi entschieden haben. Bei einem Pfandwert von grob geschätzten 50 Euro (Ich hab mal in einer WG gewohnt, ich kann Pfandwerte recht gut einschätzen.) fielen die vier Kröten fürs Taxi nicht mehr wirklich ins Gewicht.

Apropos Gewicht: Das ist meist gar nicht das Problem. Viel häufiger tauchen zumindest bei mir im Auto sperrige Gegenstände auf. Mal ein Surfbrett und allerorten und aus verschiedensten Gründen (von »es regnet« bis »der Reifen ist hinüber«) Fahrräder.

Letztere habe ich so häufig in all den Jahren transportiert, dass ich zu wissen glaube: Ja, in einen Opel Zafira passt so ziemlich jedes gängige Fahrradmodell. Es wird aber jedes Mal ein anderer Sitz sein, der umgeklappt werden muss, es wird jedes Mal ein Kampf um die letzten Millimeter werden, bis das eine Gefährt im anderen verstaut ist. Will man sie dann wieder ausladen, werden sie einem immer fast entgegenfallen, als hätte man sie einfach locker hineingeschmissen und nicht etwa eine Viertelstunde lang Blut und Wasser beim Verstauen geschwitzt.

Bis jetzt kann ich behaupten, alles in mein Auto hineinbekommen zu haben, was rein sollte. Auch Dinge, bei denen Kollegen aufgegeben haben. Und wenn irgendwann doch mal die unvermeidliche total absurde Anfrage kommt, habe ich mir schon den Spruch vom Kollegen Torsten aus Paderborn zurechtgelegt: »Alles kein Problem! Ich hol' nur eben den Anhänger aus dem Dachgepäckträger …«

Umwege – wenn unsere Kassen klingeln

Umwege. Ein wunderbares und vielseitiges Thema im Taxi. Kaum jemand sorgt so zuverlässig für unseren schlechten Ruf wie »der typische Taxifahrer«, der mal eben mit den unbedarften Touristen auf dem Weg zum Hotel eine ungewünschte Stadtrundfahrt macht, um seine Einnahmen in die Höhe zu treiben. Und natürlich passiert das, da will ich nicht um den heißen Brei herumreden. Dadurch, dass unser Lohn meist an den Umsatz gekoppelt ist, bedeutet ein Kilometer mehr Wegstrecke für uns bares Geld und in Kombination mit dem sowieso fast durchgehend schlechten Verdienst im Taxi ist es selbst für eine weitgehend ehrliche Haut wie mich immer wieder ein innerer Kampf, jedes Mal die kundenfreundlichste Entscheidung zu treffen. Zudem sind Umwege ein weites Feld in einem Gewerbe, in dem es im Grunde nur um die Beförderung geht, die Strecke also einen sehr wichtigen Anteil an der ganzen Übereinkunft darstellt.

Zum einen wäre da die Unterteilung in gerechtfertigte und ungerechtfertigte Umwege. Gerechtfertigt ist ein Umweg immer dann, wenn er dem Kunden nützt oder von ihm gewollt ist. In vielen Städten schaltet das Taxameter so schnell in den Wartezeittarif, dass tatsächlich auch eine Strecke günstiger sein kann, die länger, dafür aber schneller ist. Das ist in Berlin so gut wie nie der Fall, andernorts aber durchaus.

Und wenn die Kunden einen absurden Weg einzuschlagen gedenken, dann müssen wir diesem Wunsch Folge leisten. Denn – auch wenn das vielen nicht klar ist

– es ist der Fahrgast, der uns den Weg vorschreiben kann. Wir Taxifahrer müssen also im Grunde den Weg fahren, den die Kunden wünschen. Ist diese Strecke besonders grotesk, stellt sich natürlich die moralische Frage, ob man dem Kunden Alternativvorschläge machen sollte, womit man dann sein Einkommen verringert. Es lohnt sich, als Kunde mal darüber nachzudenken, was man in einem solchen Fall selbst tun würde.

Und gerade den ruhigeren Zeitgenossen auf der Rückbank kann man nicht in den Kopf sehen. Während ich als Taxifahrer vielleicht einfach an die Beförderung und ihren schnellen Verlauf denke, will ein Kunde möglicherweise an seinem Geburtshaus, der ehemaligen Schule, dem ersten Garten, dem Friedhof, auf dem seine Eltern liegen, oder an einem Baum vorbeifahren, in den er vor 35 Jahren gemeinsam mit seiner Freundin ein Herz geschnitzt hat. Ich ergründe auch gerne diese Tiefen, aber manchmal fährt man einfach los und hofft, die Kundschaft wisse schon, was sie will.

Zwei ihrer eigenen Aussage nach nicht sehr begüterte junge Mädchen habe ich inzwischen zweimal auf einem kaum noch in Worte zu fassenden Weg nach Hause gebracht. Die beiden wohnten in völlig unterschiedlichen Richtungen vom Startpunkt aus, aber es ging darum, dass die eine die andere heimbringen konnte. Zwei Taxen hätten den fast dreistelligen (!) Gesamtbetrag der Tour jedes Mal um locker 20 Euro senken können. Und wenn man das nach langer Diskussion eingesehen hat, dann nickt man nur noch, wenn irgendwer »über Treptow, bitte nicht über Kreuzberg« fahren will, obwohl das vier Euro mehr kostet.

Anders ist das bei den ungerechtfertigten Umwegen, aber auch hier muss ich vorab etwas klären: Obwohl die Trennung unscharf ist, sollte man auch hier unterscheiden zwischen Taxifahrern, die sich einen Euro extra ergaunern, indem sie immer nur die Hauptstraßen entlang fahren, und jenen uneingeschränkt kriminellen und üblen Zeitgenossen, die irgendwie an ein Taxi gekommen sind und vielfach überhöhte Preise verlangen.

Gerade mit letzteren hatte Berlin in den vergangenen Jahren zu kämpfen. Obwohl es nur eine Handvoll Fahrer war, lassen sich bestimmt immer noch unter dem Stichwort »Tegel-Mafia« obszöne Geschichten im Internet auffinden. Was dort passiert ist, hat in meinen Augen allerdings nichts mehr mit Taxifahren an sich zu tun, sondern war nur noch Abzocke. Da haben Fahrer bewusst unwissende Touristen angelockt und zwischen 100 und 400 Euro für Fahrten verlangt, die nach dem gesetzlich verpflichtenden Tarif allenfalls 30 Euro hätten kosten dürfen. Auch haben diese Betrüger die Fahrgäste nicht direkt zum Ziel gebracht und in dunklen Ecken teilweise unter Androhung von Gewalt eine Zahlung gefordert. Man kann wohl davon ausgehen, dass solche »Taxifahrer« auch ohne Taxi eher krumme Dinger drehen würden.

Die »kleineren« Verfehlungen … nun ja. Ich möchte die Kollegen nicht verteidigen und ich lehne dieses Verhalten voll und ganz ab; aber ich kenne dieses Jucken im Finger, wenn sich irgendwer volltrunken ins Taxi schmeißt, sagt, er habe noch 30 Euro, eine Adresse nennt, bei der man weiß, dass man es für 20 oder auch für 24 schaffen kann – und dann pennt der Typ ein. Es kostet Überwindung, da gradlinig zu bleiben, wenn man an die ausstehende Stromnachzahlung denkt, die defekte Waschmaschine, die Dispozinsen und dass man seinem Ziel für die Schicht sowieso schon 30 Euro hinterherhinkt …

Verständlich, dass der eine oder andere da schwach wird. Aber machen wir uns nichts vor: Es ist trotzdem unredlich, kostet uns auf Dauer vermutlich Kunden und macht die Situation damit insgesamt nicht besser. Deswegen halte ich auch nichts von solchen »kleinen« Trickssereien. Aber dass das ein anderes Niveau ist als die mafiaähnlichen Methoden, ist hoffentlich klar.

Mir persönlich fehlen – ganz ehrlich! – diese Beispiele aus der Praxis. Ich hab mich soweit im Griff, ich versuche langfristig zu denken und ich hab das Glück, nebenher mit dem Schreiben ein wenig Geld zu verdienen. Ich fahre keine absichtlichen Umwege, fertig! Deswegen ist für mich die Kategorie der berechtigten Umwege interessanter, denn die kommen mir ständig unter. Das – um es mit den Worten des Kabarettisten Michael Mittermeier zu sagen – ist mir nicht freiwillig eingefallen.

Oft macht es uns nämlich auch die Kundschaft nicht leicht, die beste Entscheidung zu treffen. In jeder Stadt gibt es die Strecken, die eigentlich die kürzesten wären, die aber durch enge Pflastersteingassen, dunkle Viertel oder vielleicht auch nur den Stau zur Hauptverkehrszeit führen und deshalb unbeliebt sind. Davon kann insbesondere ich als Nachtfahrer ein Liedchen singen, denn während meiner Arbeitszeit spielt der Verkehr, spielen sogar viele Ampeln keine Rolle mehr. Trotzdem gibt es immer wieder Kunden, die mich mit dem Verweis aufs bessere Durchkommen auf einen anderen Weg lotsen als den von mir hundertfach erprobten und deutlich kürzeren.

Ein besonders kurioses Angebot für einen Umweg bekam ich dereinst von einem reichlich angetrunkenen Mann, der mich bat, ihn von der Danziger Straße (Ecke Prenzlauer) zur Allee der Kosmonauten zu fahren. Tolle Strecke, auch ohne Umweg. Bereits an der ersten Kreuzung aber ermahnte er mich, ich hätte doch eigentlich besser links fahren sollen, was wirklich absurd gewesen wäre. Aber er war nachsichtig mit mir und schilderte, wie ich weiterfahren sollte:

»Kannst aber auch auf die Landsberger und dann links ab über die Konrad-Wolf ...«

Für alle, die jetzt nicht den Berliner Stadtplan rauskramen wollen: Die Landsberger führt quasi schnurgerade aus der Stadt raus und die Allee der Kosmonauten ist zwar etwas verzweigt, befindet sich aber in Fahrtrichtung in kompletter Länge rechts der Landsberger. Nach links abzubiegen ergab wirklich null Sinn, zumal die Straße auch noch eine der bestmöglich befahrbaren ist: eine durchgehend dreispurige, gut ausgebaute Strecke mit einer immerhin teilweise auch innerstädtischen Freigabe für 60 km/h. Ich konnte mir also keinen – wirklich gar keinen – Reim darauf machen, weshalb der Kunde nun eine langsamere und weit längere Strecke fahren wollte. Aber er wusste eine Antwort:

»Da stehen die Bullen nie.«

»Wie jetzt?«

»Na, da kontrollieren die nicht.«

»Inwiefern?«

»Na wegen Alkohol. Ich fahr' da immer, wenn ich gesoffen hab. Auf der Landsberger kontrollieren die manchmal, aber da oben nicht!«

»Aber, äh, ich hab' ja nichts getrunken ...«

»Ich mein' ja nur.«

Der Fahrgast wollte also einen Umweg von mehreren Kilometern fahren, weil sie dort keine Alkoholkontrollen durchführen würden – obwohl er selbst gar nicht fuhr und hoffentlich auch nicht davon ausgegangen ist, dass ich getrunken hatte. Ich bin dieser Aufforderung nicht gefolgt – aber wäre es schlimm gewesen, wenn ich es getan hätte?

Viel häufiger als solche obskuren Sonderfälle sind aber natürlich die vielen Gewohnheiten der Leute. Die haben wir alle, da schließe ich mich mit ein. Dank Auswendiglernens des Stadtplans und meiner nächtlichen Arbeitszeit sind diese Gewohnheiten bei mir jedoch meist eng verknüpft mit dem kürzesten Weg. Damit bin ich, ohne das anfangs geahnt zu haben, ein Spezialfall. Als ich noch in der Taxischule war, malte uns unser Coach eine Skizze zweier Straßen auf, die sich erst annäherten und schließlich wieder voneinander entfernten. Dazwischen zeichnete er mehrere Verbindungen und erklärte uns dann, dass immer jene Verbindung die kürzeste ist, bei der sich die beiden Straßen maximal annäherten.

Ich – als größter Mathe-Versager meines gesamten Bekanntenkreises – saß mit offenem Mund vor der Skizze und fragte mich erstaunt, ob sich da jemand jetzt ernsthaft die Mühe machte, erwachsenen Menschen mit genug Verstand, ein Auto zu bedienen, diese Trivialität zu erklären.

Aber ja, er tat es. Und er tat es nicht ohne Grund, denn ganz offensichtlich denken viele Leute nicht in solchen Kategorien. Überhaupt kennen nur sehr wenige Menschen den Stadtplan rund um ihre Behausung und haben deshalb keinen Anhaltspunkt, ob etwas nur gefühlt oder real kürzer ist. Und besonders viele davon fahren (als Fahrgast) Taxi.

Außergewöhnlich schlimm hat es einen sehr netten Kollegen von mir erwischt. Wir haben beide ungefähr zur gleichen Zeit die Ortskundeprüfung bestanden und sind dementsprechend kurz nacheinander das erste Mal in einem hellelfenbeinfarbenen Auto auf der Straße gelandet. Die erste Schicht ist ein Horror sondergleichen, denn man vergisst erst einmal alles, was man davor gelernt hat. Fast jeder Taxifahrer hat eine seiner grauenvollsten Fahrten während der ersten Schicht gehabt, weil er irgendwas völlig versemmelt hat. Ich selbst bin vom wohl bekanntesten Club Berlins, dem Berghain, zur Friedrichstraße in die völlig falsche Richtung abgebogen, weil ich überrumpelt wurde, der Kopf leer war und das Navi damals die Straßen noch nicht kannte und ich zudem mit dem Ablesen des Geräts überfordert war. Aber das war noch harmlos im Vergleich zu dem, was dem Kollegen passiert ist. Der bekam eine seiner ersten Touren vom Alexanderplatz aus. Das war gut, denn den kann man selbst als Anfänger nicht vergessen. Seine Fahrt sollte bis in einen Außenbezirk gehen, was zumindest finanziell ein guter Einstieg war. Aber, noch besser, wie der Kollege selbst anmerkte: »Ha! Ick weeß, wie ick da fahre!«

Das war es, was er sich dachte. Er startete, bog das erste Mal ab und von der Rückbank ertönte ein Aufschrei ohne Ende: »WAS!? WIE FAHREN SIE DENN? SIE HABEN WOHL KEINE AHNUNG!«

Und es ist verständlich, dass der Kollege während seiner ersten Schicht zerknirscht zugab, dass es wohl sein Fehler gewesen sei. Er folgte fortan den Wünschen der Fahrgäste, sagte Ja und Amen zu allem, blieb aber verwundert.

Als ich das alles mitbekam, standen wir mit unserem Chef vor dem Stadtplan an der Wand des Büros. Der Kollege war immer noch etwas geschockt von den unschönen ersten Eindrücken und erarbeitete mit Cheffe die Route. Und siehe da: Die lautstarken Fahrgäste hatten ihn völlig – aber sowas von völlig – von der richtigen Strecke abgebracht. Ihr Weg war sage und schreibe sieben Kilometer länger als der des Kollegen. Ein Plus von gut zehn Euro und etwas, das ich jedem Taxifahrer, der das eigenmächtig fahren würde, als glatten Betrug auslegen würde. Aber der Kunde ist König.

Ich habe mir seitdem angewöhnt, die Kunden nach Möglichkeit zu fragen, welchen Weg sie bevorzugen. Ich lasse gerne mal einfließen, welches eigentlich der kürzere wäre, sage aber in Hinblick auf das, was dem Kollegen passiert ist, immer wieder gerne: »Wissen Sie, ich erspare mir nur gerne das WAS, WIE FAHREN SIE DENN?«

Und prompt bekomme ich Rückfragen, ob ich das nicht nur machen würde, um gegebenenfalls den längeren Weg zu fahren ... Seien wir ehrlich: Wenn man sich nicht zu 100 Prozent auskennt, wird das auf ewig eine Vertrauensfrage bleiben. Aber wir Taxifahrer sind nicht nur geldgeile Idioten, sondern auf der anderen Seite auch diejenigen, deren Ausbildung darin besteht, den Stadtplan auswendig zu lernen und möglichst schnell und gut von A nach B zu kommen. Das ist zugegebenermaßen teils triviales Wissen, aber für eine ganze Stadt betrachtet, doch auch etwas, das uns vom Durchschnittsbürger abhebt und uns Kompetenz verleiht. Man darf gerne wachsam und vorsichtig sein. Aber ich für meinen Teil kann nur feststellen, dass die meisten Kollegen einen guten Job machen und auch bei mir die selbstverschuldeten Umwege, die die Kundschaft forderte, weil sie es ja »besser« wusste, bei Weitem die Einnahmen jener Umwege übersteigen, die ich aus Bequemlichkeit oder Unwissen gewählt habe.

Und selbst das hat mir hin und wieder Geld gebracht. So bat mich einmal ein Kunde in Friedrichshain, ihn ins Comfort-Hotel Lichtenberg zu bringen – im Übrigen ein göttlicher Euphemismus für einen Plattenbau an der Grenze zu Berlin-Marzahn. Da ich für einen Moment überlegte, ob er wirklich dieses Hotel meinen könnte, bestätigte er mich und sagte: »Also erstmal auf die Frankfurter, dann immer geradeaus, als nächstes auf die Rhinstraße ...«

Das hätte ich kurz nach meinem Umzug nach Berlin auch für einen guten Weg gehalten, in der Ortskundeprüfung wäre ich damit aber gnadenlos durchgefallen. Auf meinen Einwand hin, es gäbe einen kürzeren Weg, sah mich der Fahrgast erstaunt an und sagte, dass er so aber immer gefahren sei.

»Immer?«

»Sicher. Ich bin da zweimal im Jahr.«

»Dann zeige ich ihnen heute mal den kürzesten Weg ...«

»Also gut, dann machen Sie mal ...«

Er grinste selbstbewusst, wedelte mit einem Zwanziger und sagte, dass der mir gehöre, wenn ich es für unter 17 Euro schaffen würde. Mit seiner Überzeugung verunsicherte er mich etwas, aber ich entsann mich, die Strecke (auch zum damaligen Tarif) schon oft gefahren zu sein. Und bis 100 Meter vors Hotel waren das immer 15 Euro. Vielleicht 15,20. Zudem war mein Weg kein Geheimtipp. Statt die Frankfurter fuhr ich die Landsberger Allee entlang, wie weiter oben schon erwähnt eine prima Straße, um schnell gen Osten zu kommen.

Mein Kunde jedenfalls machte es sich grinsend bequem, packte eine Zeitung aus und verschwand hinter ihr, während ich fuhr und die Uhr nicht eine Sekunde aus den Augen ließ. Und natürlich hatte ich Recht. Am Ende der Fahrt bog ich auf die Hotelvorfahrt ein, ließ das Auto ausrollen und drückte betont lässig auf Kasse. »Dann wären wir jetzt bei genau 15,60 Euro.«

Ich sah in das erstaunte Gesicht meines Fahrgastes. Dieser blickte kurz auf seine Uhr – mutmaßlich um zu überprüfen, ob mein Weg jetzt 20 Minuten länger gedauert hatte – und zückte dann erneut den blauen Schein: »Ja gut, dann … haben Sie sich den hier wohl wirklich verdient.« Naja, die Kasse klingelt eben nicht nur bei Umwegen.

Drogen

Für viele Menschen in Deutschland sind Drogen abstrakter Stoff für Kriminalromane und eine recht beliebige Nummer bei den Todesursachen in irgendwelchen jährlichen Statistiken. Für mich als Taxifahrer sind sie Alltag. Wenn ich meine Erfahrungen mit der Kundschaft betrachte, muss ich doch einige rosa Wölkchen beiseiteschieben und feststellen, dass Drogen ein Teil der Gesellschaft sind und keineswegs irgendein Randgruppenthema.

Man kann diesbezüglich sicher unterschiedlicher Meinung sein, aber wenn man mich fragt: Wieso gilt es als verwerflich, sich etwas Koks reinzuziehen, um eine Nacht durchtanzen zu können, wenn es öffentlich akzeptiert ist, dass man erst vier Maß Bier braucht, um irgendwelche Karnevalsveranstaltungen lustig zu finden?

In bestimmten Kreisen, unter bestimmten Umständen, sind Drogen gang und gäbe. Und die Schnauze meines Taxis ragt eben manchmal in diese Kreise hinein. Da fahre ich Passagiere zum Görlitzer Park, die lassen mich dort warten und steigen drei Minuten später geheimniskrämerisch wieder ein. Ja, was werden sie gemacht haben? Haben sie vielleicht einen Glückscent in einen Brunnen geworfen?

Gänzlich unbeeindruckt von der Illegalität seiner Aktivitäten war ein netter Kerl um die 30, gut gekleidet, nett, ein typisches Muttersöhnchen eigentlich. Aber er war angetrunken und fand mich offensichtlich sympathisch, so dass er irgendwann damit rausrückte, dass er geschäftlich Drogen verticken würde. Wenn ich Interesse hätte, er würde mir Sonderpreise machen. Oder aber ich könne gleich mit einsteigen und vielleicht mal hier oder da eine Kurierfahrt übernehmen. Na klar! Ich werde mich bei ihm melden, wenn mir mal die Ideen ausgehen sollten, wie ich meinen Führerschein schnell loswerden könnte …

Die ziemlich intime Situation im Taxi sorgt vor allem dafür, dass die Leute kein Problem damit haben, ihren Konsum kundzutun. Geradezu klassisch war ein junger Mann, der zu einer Partylocation wollte, die ich noch nicht kannte. Er erklärte sich bereit, mir den angeblich nur kurzen Weg zu zeigen. Eigentlich mussten wir bloß an einer Kreuzung entweder rechts oder eben links abbiegen, mehr konnte nicht schiefgehen. Und da schüttelte er plötzlich den Kopf und meinte: »Sorry, da muss ich jetzt auch erst mal überlegen, ich bin noch'n bisschen drauf von dem Trip, den ich mir vorher eingeworfen hab.«

Mut muss man den Jugendlichen zuerkennen, die mich ranwinkten und höflich, aber entschieden fragten, ob ich ein Problem damit hätte, wenn sie sich während der Fahrt einen Joint drehen würden. Nun, was will ich sagen …? Ich bin nicht die Polizei und im Gegensatz zu Biertrinkern und Burgeressern ist es ja ausgerechnet Kiffern nicht wirklich egal, ob die Hälfte ihres Zeugs runterfällt und sich in meinem Auto verteilt. Also haben sie sich halt einen Joint gedreht.

Andererseits ist man durchaus manchmal mit verlorenen Drogen konfrontiert. Mir hat dereinst ein nicht mehr ganz auf dem Höhepunkt seiner Aufmerksamkeit stehender Typ sämtliches Kleingeld aus seiner Hosentasche als Trinkgeld vermachen wollen. Dass in dem Sammelsurium, das er zu Tage förderte, nicht nur zwei Bonbonpapierchen, sondern auch ein Bröckelchen Shit von ansehnlicher Größe war, ist mir selbst erst aufgefallen, nachdem er mit seiner Begleitung hektisch ausgestiegen war. Und selbst dann zögerte ich noch einen Moment, voreilig an einem braunen

Teilchen zu schnuppern, das von einem nicht sehr vertrauenswürdigen Ort den Weg in meine Hand gefunden hatte.

Nun, mit Haschisch hab ich noch weniger Probleme als mit anderen Drogen, so dass ich dieses sicher unabsichtliche Geschenk durchaus losgeworden bin. Es selbst zu rauchen war ja leider nicht drin: Drogentests weisen das auch Wochen nach dem Konsum nach – und sowohl der Führer- als auch der Taxischein sind mir zu wertvoll, um sie für einen netten Abend aufs Spiel zu setzen. Dass ich hundertprozentig davon überzeugt bin, dass Autofahrer immer nüchtern zu sein haben, ändert nichts daran, dass ich es unfair finde, nicht am Montagmorgen einen Joint rauchen zu dürfen, wenn ich erst in den späten Abendstunden des Donnerstags wieder fahre. Sich anderthalb Tage vorher ordentlich einen anzutrinken, geht schließlich auch. Aber das soll hier ja kein Essay zur Drogenpolitik werden.

Etwas panischer im Umgang mit illegalen Betäubungsmitteln war ein Kollege, den ich öfter mal am Taxistand sehe. Der hat beim Aufräumen und Putzen des Autos einen überraschenden Fund gemacht: ein kleines Tütchen mit weißem Pulver. Ich stimmte ihm soweit zu, dass das vermutlich weder Backpulver, Mehl, Vanillinzucker noch handelsübliche Stärke sein dürfte. Seine Schlussfolgerung allerdings hat mich auf mehreren Ebenen überrascht: Er hat das Tütchen im Auto liegen lassen. Wieso? Na, völlig logisch: »Ja, Kollege! Nu fass' ich des Ding an und dann sin' da meine Fingerabdrücke druff! Na, schönen Dank auch!« Ähm, nun ja.

Das soll jetzt kein unkritischer Beitrag zum Thema Drogen sein. Da gibt es schlimme Mittel und schlimme Schicksale, die daran hängen. Die Drogentoten sind ja keine Erfindung. Mit den ganz bitteren Geschichten komme aber auch ich höchstens selten in Kontakt. Was mir bleibt, sind die »Ausnahmen«, die Leute, die zwar Drogen nehmen, aber eben hier und da mal zum Feiern. Nicht alle werden das im Griff haben, schon klar. Aber wenn man ehrlich ist: Das weiß man bei den Leuten, die »nur« Alkohol getrunken haben, auch nicht.

Ich trinke selbst gerne Bier und rauche viel zu viele Zigaretten. Aus Taxifahrersicht sind das die eigentlich schlimmsten Drogen. Im Gegensatz zu fast allem anderen Zeug sorgt Alkohol oft genug dafür, dass sich Fahrgäste übergeben – und Nikotinsüchtige sind zumeist fürchterlich stressig, weil sie der Meinung sind, sie könnten die zehn Minuten Taxifahrt nicht ohne Kippe überstehen. Was irrwitzig ist, wenn selbst ich es schaffe, in meinem Auto nicht zu rauchen.

Diese beiden Drogen aber sind legal ... Soll jeder selbst entscheiden, was er daraus für Schlüsse zieht.

Jeder fährt Taxi

Zwar braucht man zum Taxifahren das nötige Kleingeld, aber dennoch, um noch einmal meinen Chef zu zitieren, jeder fährt irgendwann mal Taxi. Ja, jeder!

Ungläubigen Fahrgästen erzähle ich immer die Geschichte von einer Gruppe dreier Obdachloser, die sich für einen Fünfer in ihre »Villa« bringen ließen: ein Rohbau, der ihnen als vorübergehender Unterschlupf diente. Genügend Geld für zwei unglaublich lecker riechende Pizzen hatten sie zusammengeschnorrt und dann musste am Ende noch ein Taxi ran, damit der gehbehinderte Kumpel auch an der Party teilhaben konnte. Von der Pizza zu probieren habe ich der dreckverkrusteten Finger der edlen Spenderin wegen abgelehnt, durfte am Ende aber tatsächlich einen Euro Trinkgeld einstecken.

Am anderen Ende des Einkommensspektrums befinden sich diverse Firmenbesitzer, kein mir persönlich bekannter allerdings. Aber wie mir andere Kollegen versichern: Auch der Geldadel reist nicht ausschließlich mit fest angestelltem Chauffeur durch die Weltgeschichte, einen Teil der Arbeit übernehmen durchaus wir Taxifahrer.

Auf meiner Rückbank saßen schon Gefängnisinsassen auf Freigang oder kurz nach der Entlassung – was hoffentlich stimmte –, aber auch Polizeioberkommissare oder Beamte niederer Ränge, denen gerade etwas geklaut worden war oder die von einer Kneipenschlägerei heim wollten. Was Polizisten in ihrer Freizeit halt so passiert. Die längsten Fahrten absolvierte ich mit einem Ex-Rennfahrer, der auf dem Weg in die Reha war, und mit einem Lokführer auf dem Heimweg – er hatte mit seinem ICE einen Mann überfahren, der ihm in suizidaler Absicht aufs Gleis gesprungen war.

Vom Weihnachtsmarkt habe ich einmal einen bekannten Fernsehmoderator mitsamt seiner Familie nach Hause gefahren, nicht ohne unterwegs beim Sender noch Arbeit für die Nacht abzuholen. Zwei Tage später begleitete ich mehrere Bundeswehrsoldaten zur Kaserne, wo sie nur eine Stunde später ihren Dienst anlässlich eines wichtigen Staatsbesuches anzutreten hatten: »Und ihr seid sicher, dass ihr diensttauglich seid?« »Alter, wir sind rotzevoll. Aber wir stehen mit verplombten Gewehren blöd auf dem Hof rum, das erträgste so besser als nüchtern!«

Auch zwei brasilianische Mädels saßen eines schönen Wintertages in meinem Auto, die sich offensichtlich nicht so gut im Bereich Meteorologie auskannten und mitten im Januar in Berlin den Sommer vorzufinden hofften, den sie aus Rio zu dieser Jahreszeit kannten. Auf dem Weg zu einem Einkaufscenter, wo sie Winterjacken kaufen wollten, konnten sie sich immerhin über etwas Schnee freuen, denn den hatten sie bisher noch nie zuvor gesehen.

Bemerkenswert offen war der junge Mann, der mir ins Auto sprang, ein Bordell als Fahrtziel angab und mich Folgendes wissen ließ: »Ich kann nicht schlafen und hab morgen einen wichtigen Termin. Ich muss noch ficken. Ich hab mir schon einen runtergeholt, hilft aber nicht – also fahr los!«

Auch nicht ohne war eine bereits etwas ältere Kundin, die zwar nur nach Hause wollte, sich aber nun daran erfreute, dass ich »Mike« so ähnlich sehen würde. Ein Ex-Lover, wie mir umgehend erzählt wurde, der früh verstorben war. Über meine normale Dienstleistung hinaus war ich ihr dann nicht behilflich, aber den Freifahrtschein dazu hätte ich von ihrer Seite aus sicherlich gehabt.

Am anderen Ende der Altersskala tat sich ein Knirps hervor, der mir ausführlich davon berichtete, dass er in seinem Ostsee-Urlaub sicher endlich echten Haien begegnen würde und mich einen kleinen Umweg fahren ließ, um einem Kumpel zu beweisen, dass er gerade echt alleine ein Taxi genommen hat.

Im Gegenzug etwas verstört hinterließen mich die beiden vielleicht Zehnjährigen, die meine Dienste zwar auch erst in Anspruch nahmen, nachdem ich ihnen den ungefähren Preis nennen konnte, dann aber am Ziel den aufgelaufenen Zehner aus einem Geldbündel pickten, das mich staunen ließ. Locker 500 bis 1.000 Euro hatte die Zwergenbrigade dabei! Ich bemühe mich noch heute, mir nicht auszumalen, wie sie zu dem Geld gekommen sind.

Ebenfalls viel Geld sein Eigen nannte ein junger Mann, der so gar nicht danach aussah. Seine Gitarre bot den Anlass zu einem Gespräch über seine Band und seine Musik (»Ein bisschen Rock, ein bisschen Blues. Aber auf Deutsch. Hat was von Westernhagen und auch von Rammstein.«). Nebenbei hätte er aber diesen öden Job: »Anwalt in einer Großkanzlei, Big Business. Ich würde gerne nur Musik machen, aber ich brauche meine 5.000 Euro netto. Ich will leben wie ein Rockstar, aber die Kohle kommt durch die Musik nicht rein.«

Ein anderer Fahrgast verheimlichte mir seinen Beruf, doch die Wahl seines edlen Zwirns sprach Bände. Seine Worte mochten nicht so recht dazu passen, denn er attestierte der heutigen Gesellschaft eine massive Ungleichheit und bemerkte wie beiläufig, dass uns vielleicht mal wieder ein paar Terroristen fehlen würden, die uns das ins Gedächtnis rufen.

Diese Aussage wiederum hätte ich eher dem jungen Mann mit Hund zugetraut, der sich in eine Wagenburg chauffieren ließ, weil er aufgrund fehlender Leine des Bahnhofs verwiesen worden war, und trotz dieses Ärgernisses eine rührend angenehme Atmosphäre ins Auto brachte.

Deutlich betuchter war ein schon altes Paar, das mich zwischen einer Reihe schwarzer Oberklasse-Limousinen herangewunken hat, von denen sie offenbar keine mehr bekommen hatten. In diesem Moment musste selbst ich selbstbewusster Opelfahrer an die Rostflecken am rechten Schweller meines Einsatzfahrzeuges denken. Die beiden weit über 70-Jährigen mit einer Abendgarderobe, deren Preis sichtbar mein Jahreseinkommen übertraf, hopsten geradezu beschwingt in mein Auto und ließen sich nur rund zwei Kilometer weit ins Hilton fahren. Unterwegs scherzten sie über die Kleinwagen der Berliner Polizei und mahnten mich, heute ja angemessen früh Feierabend zu machen, damit ich meine Freundin noch sehen könne. Man verschätzt sich offenbar in alle Richtungen.

Ich bin nicht der erfahrenste Taxifahrer auf Deutschlands Straßen. Filmstars, Königinnen und Psychopathen, die mich entführen wollten, fehlen noch auf meiner Liste. Und das darf meinetwegen noch eine Weile lang so bleiben. Aber selbst oben das gerade beschriebene Potpourri ist nur ein kleiner Teil der Passagiere, die ich täglich erlebe:
Eine indische Familie, die wegen eines Jobs eingewandert ist? Check!
Dicke Menschen, denen die Sicherheitsgurte zu kurz sind? Check!
Anlageberater, die mich bitten, sie doch auf jeden Fall bei Facebook zu liken? Check!
Alte Frauen, die ich heimgefahren habe, nachdem sie ihr Haustier einschläfern lassen mussten? Check!
Jugendliche, die die Kohle ihrer milliardenschweren Väter verprasst haben? Check!
Musiker, deren Soundanlage ich nach einem illegalen Konzert weggeschafft habe? Check!

Neonazis, die mich mit dem Hitlergruß ranwinkten? Nee, die hab ich stehen lassen. Wer nicht vernünftig winken kann, muss halt draußen bleiben!

Es ist wirklich so: Irgendwann kann jeder ein Taxi brauchen. Und auch dies sei noch einmal erwähnt: Wir sind öffentlicher Nahverkehr und für alle da! Das ist auch der Grund, weshalb es so viele verschiedene Taxis gibt. Manche Nörgler fragen, warum sie für eine Fahrt in meinem Opel das Gleiche zahlen wie für die Fahrt letzte Woche mit der E-Klasse des Kollegen. Dazu kann ich nur sagen: Wenn ich mit der Bahn fahre, kommt auch manchmal ein alter, manchmal ein neuer Zug. Der eine ist leiser, der andere hat größere Sitzabstände, manche nicht einmal Einzelabteile.

Ich bin ein großer Befürworter von Qualität und Service im Taxi – das sind wir unseren Fahrgästen schuldig. Wer aber spezielle Wünsche hat, muss entweder die nötige Zeit aufbringen, um ein besonderes Taxi zu ordern, oder einen Mietwagen nehmen (wobei Mietwagen hier im gesetzlichen Sinne gemeint sind und z.B. Minicars oder Limousinendienste umfassen, also ebenfalls Autos mit Fahrern). Wer einfach irgendein Taxi zum gesetzlich vorgeschriebenen Tarif ordert, bestellt ein Auto, bei dem der jeweilige Unternehmer der Meinung ist, dass er seiner allgemeinen Beförderungspflicht am sinnvollsten nachkommen kann. Das mag eine bequeme Limousine sein, aber oft auch ein Kombi mit großem Laderaum oder gar ein Bus, der bis zu acht Leute befördern kann. Viele Zentralen oder Apps bieten die Möglichkeit, ein Auto nach dem eigenen Geschmack zu bestellen, und das ist gut so. Wer einen Mercedes will, soll einen bestellen und zufrieden sein können – anstatt sich in einem Dacia unwohl zu fühlen. Dafür gibt es die freie Taxiwahl am Stand und diverse Bestelloptionen.

Taxifahren bedeutet aber eben nicht nur, besserverdienenden Firmenkunden mit möglichst weichen Sitzplätzen zu schmeicheln, sondern auch orientierungslose Kiffer heimzubringen, die »mal voll keinen Bock auf Scheiß-Bonzenkisten« haben.

Und in der Tat fangen recht viele der Gespräche an mit Worten wie »Eigentlich fahre ich ja nie Taxi …« Genau daran kranken auch viele so genannte Taxitests, die oft während des Sommerlochs von irgendwelchen Zeitungen oder gar dem ADAC durchgeführt werden. Abgesehen davon, dass die Ergebnisse sich sowieso immer nur auf statistisch irrelevante Stichproben beziehen, wird dabei schlicht nicht bedacht, wie viele unterschiedliche Bedürfnisse wir abdecken müssen. Der ADAC, der sich sogar noch vergleichsweise viel Mühe gibt, unternimmt seine Testfahrten in der Regel nur tagsüber von öffentlichen Punkten wie Bahnhöfen und Hotels aus, hat seine Tester als »Geschäftsmänner« verkleidet, die englisch sprechen und besonders gute Noten vergeben, wenn man ihnen »ein Restaurant« empfehlen kann. Darauf kann ich mich gerne zu spezialisieren versuchen. Hilft bloß wenig, wenn mich betrunkene Russen fragen, wo es die beste Currywurst und einen billigen Puff gibt. Das nächste Krankenhaus, die zuständige Polizeiwache und einen Geldautomaten auf dem Weg – »bitte einen von der Sparkasse, sonst sind die Gebühren so hoch!« – sollte ich auch noch finden. Und zum einundneunzigsten Konzert der Berlin Music Week wäre es schon nett, wenn ich selbst wüsste, ob ich über Autobahn oder auf dem kürzesten Weg schneller bin: »Sie wissen doch, da ist gleich Einlass!«

Wir Taxifahrer haben eine Beförderungspflicht und müssen alle diese Kunden zum selben Tarif von A nach B bringen. Egal ob A das Hotel Adlon und B die Bumshütte bei Birgit ist. Genauso wie ich als Mann mit 2,03 Metern Größe in der Straßenbahn akzeptieren muss, dass eventuell kein Sitz frei ist, auf dem ich problemlos Platz finde, kommt das Taxi auch gelegentlich als Opel mit Fahrer im Hawaiihemd daher. Ich finde letzteres modisch zwar auch grenzwertig, aber würde ich statt meiner schlichten schwarzen Hemden tagein, tagaus Anzug tragen, würde ich häufiger als Pinguin verspottet werden als ich mehr Trinkgeld bekommen würde.

Wie oben erwähnt: Das ist keine Entschuldigung für Kollegen, die beim Gepäck nicht helfen oder deren Auto dreckig ist! Aber unser Jobprofil ist nicht identisch mit dem des Limousinen-Chauffeurs, selbst wenn einige Taxifahrer sich auf die luxuriöse Beförderung von Hotelgästen konzentrieren und das vielen als der einzig mögliche Standard erscheint – aber das ist es einfach nicht.

Rotlichtfahrten

Für mich als Nachtfahrer sind die für Sex zuständigen Betriebe wie Bordelle durchaus interessant – als Zieladressen natürlich ... Über das Innenleben der Häuser sowie die Angebote der jeweiligen Dienstleister kann ich nichts essenziell Neues berichten, da sich mein Interesse an käuflichem Sex in Grenzen hält. Beruflich verhält es sich da anders, denn das ganze Rotlichtgewerbe ist inklusive seiner Kunden sehr taxiaffin. Taxis sind bestens geeignete Verkehrsmittel, um schnell und anonym zu einem Puff zu kommen – und auch die Verdienstsituation der Kundschaft ist oft so gut, dass Taxifahrten im Budget zumeist drin sind. So geschieht es Großstadt-Nachtfahrern manchmal, dass sie am Straßenstrich herangewunken werden, um Prostituierte und Freier zu einem Stundenhotel zu bringen.

Beachtenswert dabei ist, wie undramatisch die Fahrten im Durchschnitt ausfallen – und wie ausgesprochen witzig im Einzelfall. Da gab es den bereits erwähnten Typen, der mir gebeichtet hat, er könne seine Schlaflosigkeit nicht wegonanieren, andere Begebenheiten waren nicht minder absurd.

Einmal hatte ich beispielsweise einen männlichen Gast um die 50, der mich mitten im Osten der Stadt an einer Hauptstraße zu sich winkte, sich stumm ins Auto fallen ließ und mich angrinste. Nach ein paar Sekunden fragte ich ihn, ob er mir nicht vielleicht sein Fahrtziel mitteilen möchte, da platzte es geradezu aus ihm heraus: »Wo ick hin will? Na in'n Puff! So, jetzt komms' du!«

Noch toppen konnte das ein schon wirklich betagter Mann mit schlohweißem Haar, den ich – zufällig, dachte ich zunächst – vor einem Bordell aufgesammelt hatte. Er sagte, wo es hingehen sollte, und stellte kurz daraufhin klar, dass es sich dabei um ein weiteres Rotlicht-Etablissement handeln würde. Und dass ich mich nicht wundern solle, einen alten Knacker von einem Puff zum nächsten zu fahren, so würde er eben seine Rente genießen. Aber nicht nur das: »Weißte, is' ja ooch nich' so einfach in mein' Alta. Deswejen fahr ick ja nu auch rüber zu die andern. Die ha'm da immahin jute Betten, wo ick mir auch ma' hinlejen kann, vastehste?«

Dass wir Taxifahrer so viel in Kontakt mit dem Rotlichtgewerbe sind, hat jedoch gelegentlich auch seine Schattenseiten. Wenn man das so nennen will. Ich möchte jedenfalls Kunden, die noch auf der Suche nach Etablissements sind, eines ans Herz legen: Fragen Sie nicht den Taxifahrer nach einem guten Bordell! Denn auch wenn vermutlich die meisten in beiden Branchen Beschäftigten nette und ehrbare Leute sind, gibt es hin und wieder die vielbeschworenen »Deals«. Ja, wir Taxifahrer kriegen teilweise Geld von Bordellen, wenn wir Kundschaft dort abliefern! Und für mich ist das keine graue Theorie, sondern ich hab diese Kohle auch schon eingesteckt.

Das habe ich sogar reinen Gewissens getan. Dabei habe ich die Kundschaft aber nie extra durch die ganze Stadt gefahren, um Geld zu bekommen, und erst recht niemandem seine eigentlich gewünschte Adresse ausgeredet. Aber wenn es nicht weit war und einer der »großzügigen« Läden eine sinnvolle Option, dann hab ich die Annahme des Geldes nicht verweigert. Immerhin reden wir hier von recht ansehnlichen Beträgen. Während ich im Taxi bei einer guten Wochenendschicht knapp 100 Euro brutto verdiene, bekam ich von einigen Läden in Berlin 40 Euro zusätzlich bar auf die Hand. Pro Fahrgast wohlgemerkt. Das waren dann aber auch die Topadressen. Mancherorts gab es einen Zehner, hier und da einen Zwanziger. Und ein paar zahlten eben 40 Euro pro Mann, dazu einen Zehner »Benzingeld« pauschal. Von einem Laden wusste ich sogar, dass man am Tag darauf nochmal vorbeifahren und sich Prozente vom Umsatz im Puff abholen konnte.

Die Adressen erfährt man zum einen von dienstälteren Kollegen, zum anderen schicken die entsprechenden Bordelle, aber auch Stripclubs dafür gerne Kundschafter raus, die die Taxistände abklappern und Visitenkärtchen verteilen. Was es zu verdienen gibt, wird freilich nicht schriftlich festgehalten, denn für derartige Zuwendungen fehlt einfach das entsprechende Kästchen in der Steuererklärung. In manchen Städten soll aus diesen halbseidenen Geschäften ein regelrechter Filz entstanden sein, es soll sogar Städte geben, in denen die Bordelle einen regelrechten Preiskampf führen, damit sie überhaupt genügend Kundschaft bekommen. Davon ist Berlin noch weit entfernt, vermutlich weil es zu groß ist. Gerade die namhaften Häuser haben diese Form der »Werbung« gar nicht nötig, und kaum ein Taxifahrer kennt wirklich alle Locations und deren Preise. Ich freue mich, wenn ich mal wieder unweit des Ku'damms halten kann und der Türsteher mich wie in einem schlechten Gangsterfilm begrüßt, als sei ich einer seiner besten Freunde, nur um mir mit dem Handschlag unauffällig ein paar Scheinchen zuzustecken – aber wenn's mal wieder ein Jahr lang nur zu kleinen Adressen ohne Entlohnung geht, dann ist das eben so.

Eingangs sprach ich davon, dass die Fahrten mit den Protagonisten oft erstaunlich unspektakulär sind. Wenn eine der Sexarbeiterinnen von der Oranienburger Straße mit einem Herrn im Anzug ein Taxi heranwinkt, ist das meist eine Tour, die drei Minuten dauert und selten mehr als sieben Euro Umsatz beschert. Man begrüßt sich gegenseitig nett, betreibt ein wenig Smalltalk übers Wetter und wünscht sich anschließend einen schönen Abend. Am Ende hat der Taxifahrer dann ja doch sehr wenig mit dem eigentlichen Geschäft zu tun. Mehrfach hab ich überhaupt nicht gemerkt, dass die Fahrgäste aus dem horizontalen Gewerbe kommen. So zum Beispiel bei einer jungen Dame, die, während ich wartend am Steuer saß und las, direkt hinten ins Auto einstieg. Sie nannte mir einen Stadtteil etwas weiter draußen und freute sich, dass ich ihn auf Anhieb kannte. Wir wechselten ein paar Worte und ich fand heraus, dass sie nicht etwa von einer Party kam, sondern soeben Feierabend hatte.

»Ach, Gastronomie!«, rief ich völlig überzeugt aus. Woraufhin von ihr nur ein leises »Nein …« zu vernehmen war. Ich überbrückte die peinliche Stille danach, indem ich locker zu verstehen gab, dass das halt meistens der Fall wäre bei Kundschaft um die Uhrzeit. Ich hab es ihr überlassen, ob sie da jetzt weiter drauf eingeht oder ob sie das Thema wechselt. Schließlich reden nicht alle in dem Gewerbe gerne über ihren Job.

Und sie? Sie fing an zu kichern und meinte, ich hätte sie wohl ganz offensichtlich nicht gesehen. Sonst würde ich nicht auf die Idee kommen, sie arbeite in der Gastronomie. Damit hatte sie Recht. Da sie mir quasi unerwartet ins Auto gesprungen war, blieb mir nur der Anblick im Rückspiegel, der mir eine unauffällige, junge Frau in einer dem Wetter angemessenen Winterjacke zeigte, von der ich nur den Kragen erahnen konnte.

»Nee, nee, ich arbeite im Nachtgewerbe«, sagte sie und amüsierte sich ein wenig über meine Fehleinschätzung. Das Thema war damit beendet und der Rest des Gesprächs drehte sich dann eher ums Taxifahren und über Berlin bei Nacht allgemein. Erst als sie ausstieg, sah ich, worauf sie angespielt hatte. Neben ihrer Winterjacke trug sie nämlich nur noch Stiefel und einen String-Tanga. In diesem Outfit hätte ich mich zugegebenermaßen auch gewundert, wenn mich jemand gefragt hätte, ob ich in der Gastronomie arbeite …

Taxis und andere Einsatzfahrzeuge

Anders als bei manch weniger netten Begegnungen im Privaten treffe ich im Rahmen meines Jobs als Taxifahrer oft im erfreulichen Sinne auf Polizisten. Zum einen sind sie natürlich Fahrgäste wie andere auch. Und ich habe im Laufe der Jahre viele interessante Gespräche mit Beamten gehabt. Ein wenig schmunzeln musste ich bei der Erzählung eines Kripo-Kommissars, dessen Laptop just von einem Taxifahrer entwendet wurde – der Kollege ist vor dem Ausladen des Gepäcks weggefahren und ward nie mehr gesehen. Eher schwarzer Humor war es wohl, der mich zum Lachen brachte, als mir ein Fahrgast erzählte: »Weißte, kenn ick ja auch. Ick würd' zwar nie wat tun, aber wenn ick besoffen war, ha'ick auch schon oft die Bullen anjepöbelt!« Der Gag an der Sache? Er war Bereitschaftspolizist.

Meine Erlebnisse mit Polizeischülern erwähne ich hier besser gar nicht, die haben mir nämlich einige Touren wirklich verdorben.

Über Beamte im Dienst kann ich mich bisher kaum beschweren. Beim Auffinden abgehauener Fahrgäste, beim Aufnehmen von Diebstählen oder Unfällen machen die meisten einen guten Job. Einmal habe ich mich sogar ziemlich offen mit einem etwas höherrangigen Beamten über die schwarzen Schafe in seiner Truppe und bei den Taxifahrern unterhalten und wir sind friedlich auseinandergegangen mit dem Wissen, dass wir alleine leider unsere Kollegen nicht würden ändern können. Genau diese Offenheit vermisse ich manchmal, wenn es in der Öffentlichkeit um die Polizei geht.

Denkt man an Taxifahrer und die Polizei, dann hat man gleich Verkehrsverstöße im Kopf. Und natürlich ist das ein Thema. Den gerade erwähnten Polizisten hatte ich gefragt, ob wir Taxifahrer denn bei der Polizei auch so einen schlechten Ruf als Verkehrsrowdies hätten. »Oh ja …«, lautete seine Antwort.

Ich selbst fahre vielleicht zu regelkonform, um dieses Bild zu bestätigen, aber ein Engel bin ich auch nicht. Bisher hat man mich zwar nur zweimal mit dem Taxi geblitzt (außerhalb eines Ortes und weniger als zehn Stundenkilometer zu schnell), aber als vor mir mal die Kelle geschwungen wurde, fragte ich meinen damaligen Fahrgast ganz reflexhaft: »Scheiße, ist hier nur 30 erlaubt?«

An dieser Stelle möchte ich auch mit Vorurteilen aufräumen. Denn manche Polizisten lassen uns Taxifahrer »einfach machen«. Der Polizist an der Kelle, die mich seinerzeit heranwinkte, äußerte sich wie folgt: »Ach, Sie sind so schnell gefahren, dass ich gar nicht sehen konnte, dass Sie besetzt sind. Fahren Sie weiter!«

Zwar waren da wirklich 50 km/h erlaubt, aber dass man mit ausgeschalteter Fackel nicht kontrolliert werden würde, fand ich doch sehr interessant. Was hier nach ziemlich unfairer Bevorteilung von Taxifahrern klingt, ist aber ganz sicher kein flächendeckendes Amnestieprogramm der Polizei. Denn ich kann auch davon berichten, wie ich einmal mit Fahrgästen herangewunken wurde, weil zwei Polizisten behaupteten, sie hätten mich bei Rot über eine Ampel fahren sehen. Die Situation war zugegebenermaßen recht kompliziert, aber sowohl ich als auch meine Fahrgäste waren nicht nur vom Gegenteil überzeugt, sondern auch davon, dass die Beamten das von ihrer Position aus gar nicht vernünftig hätten sehen können. Noch vor Ort belehrte mich der Polizist, ich könne gewiss sein, dass die Polizei auf Taxifahrer ein besonderes Augenmerk richte, da wir gewissermaßen eine Vorbildfunktion hätten. Hier war also besondere Überwachung das Motto.

Ich habe es damals nicht auf einen Prozess ankommen lassen, sondern die drei Punkte in Flensburg mitgenommen, weil es ohnehin meine einzigen waren und sie mir daher keinen Ärger einbrachten. Sie sind irgendwann ohne Folgeverstöße einfach friedlich verfallen. Ein wenig ärgere ich mich heute noch darüber, aber ich hab mir damals als einzelner Taxifahrer gegen die Zeugenaussagen von zwei Polizisten kaum Chancen ausgerechnet.

Doch jetzt endlich zu den positiven Beispielen meines Aufeinandertreffens mit der Staatsgewalt: Die Notapothekenfahrt an Silvester war so ein Fall. Der Kunde bat mich, eine Apotheke anzusteuern, vor der es allerdings keine freien Parkplätze gab. Also hab ich mich »im Kreuzungsbereich« an den Bürgersteig gestellt und den Kunden rausgelassen, damit der die Medikamente für seine bettlägerige Frau holen konnte. Währenddessen rollte ein Streifenwagen heran. Langsam, sehr langsam.

Ich kannte das. Am inzwischen durch »Berlin Tag und Nacht« deutschlandweit bekannten »Club Matrix« gab es z.B. auch nie eine sinnvolle Taxihalte, weshalb dort alle Fahrer im Prinzip illegal standen. In zweiter Reihe, mitten auf der Straße. Was nie ein Problem darstellte, denn als Taxifahrer waren ich und die Kollegen immer am Auto und haben schnell Platz gemacht, wenn jemand ausparken wollte oder wieder mal der Rettungswagen anrollte, weil sich irgendwelche Leute im Club geprügelt hatten. Auch die meisten Polizisten schätzten es anscheinend, dass wir die meist hochgradig betrunkenen Jugendlichen direkt vor dem Club abfingen und sie nicht ziellos und eventuell randalierend durch die Nacht ziehen ließen. Aber eine Streifenwagenbesatzung, die wohl nur alle paar Wochen dort im Eck Dienst hatte, schickte uns immer weg. Einmal haben sie alle Kollegen in zweiter Reihe ermahnt, mich – der ich ganz vorne in erster Reihe stand – jedoch ausgelassen. Kurz darauf drehten sie um, weil ihnen nun wohl eingefallen war, dass ich zwar nicht in zweiter Reihe, aber »im Kreuzungsbereich«, also keine fünf Meter entfernt von der nächsten Einmündung stand.

Zurück zur Apothekenfahrt: Ich stand mehr aus der Not heraus »über Eck« und wartete auf meinen Kunden. Der Streifenwagen kam näher und fuhr dann sogar völlig verkehrswidrig von der anderen Straßenseite aus zu mir hin. Ich ging im Kopf Ausreden und Beschwichtigungen durch, während sich die Schnauze des silberblauen Passats immer näher schob. Und was passierte? Sie fragten mich lediglich nach einer Adresse! Manchmal geht Zusammenarbeit eben über alles.

Wirklich schlecht gelaunt zeigen sich meist die Sanitäter. Die nämlich habe ich immer dann gerufen, wenn potenzielle Fahrgäste schon kotzenderweise auf mich zukamen oder sogar selbst meinten bzw. durch ihre Freunde ausrichten ließen, dass ein Taxi keine Option mehr sei. Bei ernsthaft kaputten Leute, um deren Gesundheit ich fürchte, kann ich gar nicht anders, als sie an die nächste Instanz weiterzureichen. Dummerweise kann man über den einen oder anderen Zustand streiten und wirklich haben will die auswurffreudige Kundschaft natürlich weder ein Taxifahrer noch ein Sanitäter.

Mit anderen Uniformierten hatte ich nur einmal Kontakt, umso witziger war es jedoch, was sicherlich auch an den außerordentlich absurden Umständen lag.

Mein Taxi schluckte damals wie heute Erdgas, und ich wollte ihm in jener Nacht etwas Gutes tun: es volltanken. Ich hatte in dieser Schicht unglaublich schnell meinen geplanten Umsatz eingefahren und wollte das Tanken schon mal erledigen, um am Schichtende zügig Feierabend machen zu können. Nachdem der Tank voll war, zog ich den Tankschlauch ab und hatte prompt ein Problem: Es strömte Gas aus. Und zwar anhaltend und aus meinem Auto. Das ruft erst einmal Unbehagen hervor, selbst wenn Erdgas verhältnismäßig unproblematisch ist. Also hab ich den Tankschlauch wieder aufgesteckt und dem Personal gesagt, wir hätten da wohl ein Problem.

Die nächste Stunde war eine Stunde der Ratlosigkeit. An der Tanke hatten sie so einen Fall noch nicht gehabt, und nicht minder verstört zeigte man sich beim ADAC. Sie leiteten mich an eine Werkstatt weiter, die mich dann auf einen Rückruf warten ließ. Ich versuchte derweil, mich mit der Situation anzufreunden, indem ich erst einmal eine Pizza aß. Der Rückruf von der Werkstatt riss mich aus meiner depressiven Verstimmung und brachte mich tatsächlich zum Lachen. Hier der Wortlaut:

»Na, wir könnten schon jemanden schicken, aber der weiß dann halt auch nicht, was er tun soll.« Mehr noch: Es würde zudem teuer werden und mindestens zwei Stunden dauern. Die Stornierung des Auftrages erfolgte in beidseitigem Einverständnis.

Als letzte Option blieb die Feuerwehr. Und die rückte in deutlich weniger als zwei Stunden mit einer kompletten Löschwagenbesatzung an, anbei natürlich auch die Polizei. Fürs erste war die Ratlosigkeit allerdings nicht vorbei, denn – so einer der Tankstellenmitarbeiter zuvor: »Was sollen sie schon machen? Zuschweißen?«

Also wurde ein zweiter Löschzug geordert, mit Kollegen, die sich »mit sowas besser auskennen«. Über Funk kam gleich der erste sachdienliche Hinweis: »Besser keine rauchen nebenher …« Vor Ort grinste mich der hinzugezogene Kollege an und meinte: »Im Zweifelsfall kontrolliert abbrennen.«

Ach, was ist schon entgangener Umsatz, wenn man sich mit zwei Löschzugbesatzungen der Feuerwehr zu ein paar Scherzen an der Tanke treffen kann? Nach eiligem Herumtelefonieren, wo man das Taxi eventuell gefahrlos ausgasen lassen könne, und einiger Tests zur Gaskonzentration rund um den Tank stoppte es. Einfach so. Dem Entdecker des Phänomens wurde auf die Schulter geklopft: »Dann sa'ick mal: Jute Arbeit! Haste jut jemacht!«

So konnte ich ohne Reparatur weiterfahren, als sei nie was gewesen. Mir wurde allerdings nahegelegt, bald eine Werkstatt aufzusuchen, da ja offenbar der Tankstutzen weniger Druck vertrug als eigentlich notwendig. Er wurde zwei Tage später ausgetauscht und machte nie mehr Ärger.

Ich weiß das gute Auskommen zwischen uniformierten Staatsdienern und Taxlern zu schätzen, aber ein kleiner Wermutstropfen bleibt gerade im Hinblick auf die Polizei: Im Taxigewerbe gibt es schwarze Schafe. Fahrer ohne P-Schein, Schwarzarbeiter usw. usf. Das kostet diejenigen Fahrer, die versuchen, alle Auflagen einzuhalten und ehrlich zu bleiben, Geld und unseren guten Ruf. Da finde ich es dann doch deprimierend, dass ich bei all meinen Begegnungen mit Polizisten – selbst bei Unfallaufnahmen oder bei meinem vermeintlichen Rotlichtverstoß – niemals nach meinem P-Schein gefragt wurde. Nicht ein einziges Mal. Langsam fühlt es sich an, als hätte ich einen Micky-Maus-Geheimagentenausweis erworben, den ich stolz in der Tasche trage, den aber kein Erwachsener ernstlich sehen will. Da würde ich mir wirklich mehr Engagement wünschen.

»Das frage ich Sie!«

Jeden Taxifahrer wird irgendwann – ob nach einer besonders ereignisarmen Woche oder nach einer völlig ungewöhnlichen Fahrt – der Gedanke streifen, dass man inzwischen wohl alles erlebt habe. Man hat seine Fahrgäste im Laufe der Zeit in ein mehr oder minder komplexes Schubladensystem eingeordnet, jedes Viertel schon mal angefahren, jede gerade noch so machbare lange Fahrt schon absolviert. Und dann tauchen Leute wie der folgende Kunde auf, glattrasiert, untersetzt, ein Mann mit leicht aufgequollenem Gesicht, der am Bahnhof einstieg. Er trug Anzug und Brille und hatte als Reisegepäck einen kleinen schwarzen Rollkoffer sowie eine halb ausgetrunkene Flasche Beck's dabei. Et voilà – unsere Unterhaltung:
»Danziger Straße!«
»Wohin da genau?«
»139.«
»Da müsste ich das Navi anschmeißen – oder wissen Sie zufällig, wie man an diese Nummer am besten ranfährt?«
»Das frage ich Sie!«
»Äh, ja? Ich mach dann mal … über die Prenzlauer?«
»Das ist hervorragend! Ich weiß das ja auch.«
»Was wissen Sie?«
»Mein Job.«
»Aha?«
»Ja. Sie sagen mir, was Sie tun – und ich sage Ihnen, wie Sie es tun.«
»Ich kann nicht ganz folgen. Worauf bezieht sich das jetzt?«
»Das frage ich Sie!«

»Wie jetzt?«
»Das frage ich Sie!«
»Entschuldigung, das verstehe ich nicht. Was wollen Sie mir erklären? Meinen Job oder diese Fahrt?«
»Wissen Sie, wer ich bin?«
»Nein. Müsste ich Sie kennen?«
»Nein, ist schon okay. Bringen Sie mich einfach zur Danziger Straße 135.«
»135? Sie haben doch gerade eben 139 gesagt, oder? Welche Nummer stimmt denn jetzt?«
»Beides.«
»Aha. Das ist also ein zusammenhängender Block, ja?«
»Das frage ich Sie!«
»Ich bitte Sie. Ich habe doch schon gesagt, dass ich nicht alle Hausnummern auswendig kenne …«
»Kennen Sie mich?«
»Nein, immer noch nicht.«
»Das ist gut.«
»Gut, ich nehme jetzt das Navi. Danziger 135?«
»Das frage ich Sie!«

Ich habe dann wirklich einfach das Navi eingeschaltet und bin auf dem nunmehr nicht mehr ganz kürzesten Weg zu seinem Ziel gefahren. Es stellte sich heraus, dass es sich um ein Bordell handelte, von dem er mir bloß den Namen hätte nennen müssen. Er stieg aus, stellte seine Bierflasche auf einer geparkten Oberklasse-Limousine ab und bezahlte den Fahrpreis mit einem kleinen Trinkgeld. Dann stand er regungslos mit seinem Rollköfferchen vor dem Puff und betrachtete stumm die Außenbeleuchtung. Obwohl er kurz zuvor erfreut ausgerufen hatte, dass er genau dort hinmüsse, wirkte er nun etwas verloren. Also fragte ich ihn, ob jetzt wirklich alles in Ordnung sei oder er noch irgendwas benötigen würde. Seine Antwort? Wenig überraschend: »Das frage ich Sie!«

»Und dann rauben wir Sie aus!«

Man kann kein Buch übers Taxifahren schreiben, ohne das missliche Thema Überfälle anzusprechen. Ich würde es gerne vermeiden, aber es ist leider im wahrsten Sinne des Wortes Alltag. Schon alleine die Polizeipressemeldungen für Berlin verweisen mindestens zweimal die Woche auf einen Taxiraub, und soweit ich weiß, wird dort nur eine kleine Auswahl veröffentlicht. Hochgerechnet auf Deutschland lässt sich jedenfalls mit Sicherheit sagen, dass jeden Tag mindestens ein Taxifahrer um seinen Verdienst gebracht wird. Im Vergleich zur Lage vor einigen Jahrzehnten, wo die Fahrer recht häufig auch noch umgebracht wurden, hat sich die Situation zwar entspannt, aber die Angst vor Überfällen ist im Gewerbe an vielen Stellen greifbar.

Es beginnt damit, dass wir Taxifahrer bemüht sind, unsere Wechselgeldbestände klein zu halten. Das passiert selten aus Faulheit, nur manchmal aus Prinzip, oft aber einfach aus dem Grund, dass man nicht gleich die Einnahmen einer ganzen Woche verlieren will, wenn man doch einmal an der Reihe ist. Und wir tun das, obwohl es deswegen oft Ärger mit der Kundschaft gibt, die gerne mal mit großen Scheinen zahlen will. Selbst ich, der eigentlich nicht leicht in Panik zu versetzen ist und der immer auf die anderen Berufsgruppen verweist, die ebenso Probleme mit Raubüberfällen haben, starte meine Schicht stets mit abgezählten 55 Euro in Scheinen. Wenn ich während der ersten Fahrten einen Fünfziger für eine kurze Tour annehme, muss ich danach selbst wechseln gehen – und obwohl das nervt, kann ich es mir nicht abgewöhnen.

Dabei wurde ich noch nie überfallen. Und rein statistisch ist es wahrscheinlich unproblematisch, im Ernstfall 200 Euro statt 70 zu verlieren, wenn man dafür nicht jahrelang den Hickhack mit dem Wechseln hat. Aber wir Taxifahrer sind auch nur Menschen, auch wir handeln irrational, wenn wir Angst vor etwas haben.

So sind viele Kollegen bewaffnet. Von Schlagwerkzeugen über Messer bis hin zu Schusswaffen hab ich alles schon gesehen. Die ganz Cleveren haben Reizgas dabei und offensichtlich nicht allzu viel darüber nachgedacht, was passiert, wenn sie das innerhalb eines Autos anwenden, in dem sie selbst sitzen.

Beim durchschnittlichen Taxiraub wechseln meiner Einschätzung nach weniger als hundert Euro den Besitzer und dennoch sind meist beide Seiten bewaffnet. Soweit der reale Irrsinn. Als ob das nicht reichen würde, findet es so manche Kundschaft tatsächlich witzig, Taxiüberfälle zum Gegenstand von lockeren Sprüchen zu machen. Jeder Taxifahrer da draußen hat bestimmt schon zigmal gehört: »Und nachher überfallen wir dich!«, »Der Preis ist uns egal, wir rauben dich ja eh aus!« oder »Was würdeste denn machen, wenn ich jetzt mein Messer zücke? Haha, war doch nur Spaß!« Boah, voll lustig.

Nun ist es tatsächlich so, dass man als Taxifahrer die meisten lustigen und originellen Sprüche in Bezug auf seinen Job schon (mehrfach) gehört hat. »Folgen Sie diesem Wagen!«, »Sind Sie das Quiztaxi?«, »Kennen Sie den Witz, wo der Taxifahrer …«. Ja.

Wir fahren täglich viele Leute durch die Gegend und viele davon sind witzig. Fast alle reden mit uns, manche sind sogar aus verschiedensten Gründen besonders redselig. Selbst wenn wir nebenbei nicht gerade Witzeseiten im Internet durchstöbern: Wie wahrscheinlich wird es wohl sein, dass wir ausgerechnet einen Taxiwitz nicht kennen?

Der »Witz« mit dem Überfall hat aber natürlich noch den anderen Nachteil: Er ist absolut unlustig. Wir sitzen in einem Auto, nur wenige Zentimeter von Leuten entfernt, die wir trotz guter Menschenkenntnis nach fünf Minuten einfach selten hundertprozentig einschätzen können. Umso mehr, wenn zum Beispiel Drogen im Spiel oder die Fahrgäste in der Überzahl sind. Das ist wie nachts auf dem Gehweg drei Fremden zu begegnen, wobei einer zu den anderen sagt: »Ey, stechen wir den Typen gleich ab?«

Ich bin für Scherze zu haben, und natürlich sind die wenigsten Taxiräuber so blöd und kündigen ihren Überfall an. Aber es ist und bleibt absolut respektlos, mit der Angst des Gegenübers vor realen Gefahren zu spielen. Ich begrüße meine Kundschaft auch nicht mit dem Hinweis darauf, dass ich sie in den Wald fahren und ermorden könnte. Und das, obwohl es sich in aller Regel mehr rechnen würde, wenn wir die Kundschaft ausrauben würden als umgekehrt sie uns … Während ich mit einer meist zweistelligen Summe an Wechselgeld durch die Nacht tingele, hatte ich schon Gepäckstücke von Kunden im Wert von etwa 100.000 Euro an Bord. Über das Bargeld von Männern zum Beispiel, die mit einem Rollkoffer zum Puff gefahren werden wollen, will ich auch besser nicht nachdenken.

So eine Taxifahrt ist eine Dienstleistung, bei der man sich sehr nahe ist und bei der folglich viel passieren kann. Unter solchen Umständen ist Vertrauen ein hohes Gut. Obwohl wir (mindestens) eine Alarmanlage und ein Funkgerät zum Anfordern von Hilfe im Auto haben. Die Liste an Kollegen, die Verletzungen vorzeigen können, die sie sich für vierfünfzig netto zugezogen haben, ist viel zu lang, um sie lustig zu finden. Wirklich!

Aber natürlich komme ich den Kunden auch mit etwas Humor entgegen. Die ernste Ansage, für wie daneben ich den Spruch halte, müssen sie sich alle anhören. Aber keiner

Kunden sehen es gerne, wenn wir Taxifahrer ihnen Tipps geben können. Und der Wunsch ist in Ordnung. Schwierig wird es, wenn das vorausgesetzt wird. Vor allem in Großstädten. Der ADAC zum Beispiel führt seit Jahren qualitativ und methodisch völlig unsinnige Taxitests durch und bewertet dabei unter anderem auch, ob Taxifahrer ihren Testkunden ein Restaurant empfehlen können. Wie gesagt: Toll, wenn's klappt – und natürlich haben wir Taxifahrer unsere Ohren immer ein bisschen am Puls der Zeit. Aber man muss sich auch überlegen, was eine Restaurantempfehlung in einer Großstadt für eine Aufgabe ist:

Sicher gibt es ein paar »große Namen«, aber Taxis sind öffentliche Verkehrsmittel und die Frage nach einem »guten Restaurant« bedeutet nicht immer, dass die Leute zu einem der drei Sterneköche in der Stadt gebracht werden wollen. Die einen bevorzugen gute Spanier, andere regionale Küche. Ein billiger Inder wäre schön oder könnte ich vielleicht etwas Vietnamesisches empfehlen? Veganes Essen, Slow Food, Läden, die um 24 Uhr noch warme Küche servieren, bitte aber nicht in Mitte, sondern Richtung Stadtteil XY …

Im Ernst: Wer soll für all diese Fälle einen brauchbaren Tipp parat haben?

Zumal durchaus noch einmal erwähnt sei, dass wir Taxifahrer je nach Stadt nur etwa sechs bis acht Euro pro Stunde verdienen, wir also nur in Ausnahmefällen Ausgehgewohnheiten haben dürften, mit denen wir auch waschechte Gourmets glaubwürdig aufgrund eigener Erfahrungen beraten können. Nicht ohne Grund gibt es Informationen für Touristen auf vielfältigen Portalen, geschrieben von Leuten, die sich ganz auf ihr Fachgebiet konzentriert haben. Ob das nun Clubs für elektronische Musik sind oder mittelpreisige Restaurants mit gehobenem Service.

Ich freue mich jedes Mal, wenn ich meinen Kunden helfen kann. Und versuche mich auch an Tipps aufgrund vager Informationen vom Hörensagen. Aber obwohl es sich thematisch überschneidet, ist die reine Ortskenntnis – die im Optimalfall die Kenntnis darüber miteinschließt, wo sich Club A, Hotel B und Restaurant C befinden – schon eine Menge Wissen für eine Einzelperson. Der inhaltlichen Bewertung der Angebote in der Stadt haben sich andere Menschen verschrieben, deren Arbeit man auch nicht geringschätzen sollte.

Siehe hierzu auch das Kapitel »Jeder fährt Taxi«

der Spaßvögel hat mein Taxi bisher in gedrückter Stimmung verlassen. Der letzte halbwegs zu dieser Gruppe zählende Typ hatte mir zwar nicht mit einem Überfall oder einem Mord »gedroht«, sondern verkündet, er verschwinde jetzt, ohne zu zahlen. Ihn hab ich kühl drauf hingewiesen, dass an der Türe auf seiner Seite die Kindersicherung aktiv wäre und ich wirklich gerne sehen würde, wie er seinen Vorsatz in die Tat umsetzt.

Und dann waren da noch die Holländer, die mir so erkennbar albern mit dem Tode drohten, dass selbst ich nur lachen konnte. Die erste Fahrt mit ihnen warf jedoch ein ganz anderes Problem auf: die Restaurant-Frage.

Die fünf jungen Leute wollten nett essen gehen. Kein Fast Food, irgendetwas anderes. Keine besonderen Ansprüche, möglichst nahe. Was das Hauptproblem war. Dass ich überhaupt einen Laden empfehlen konnte, verdankte ich einem Kollegen, der eine Stunde zuvor ein Rudel Touristen auf dieses durchaus bekannte Restaurant in anderthalb Kilometern Entfernung hingewiesen hatte, woraufhin selbige selig losgetrottet waren. Meine fünf wollten gefahren werden. Abgesehen vom Ausklappen eines Zusatzsitzes so ziemlich die anspruchsloseste Fahrt, die man sich vorstellen kann. Ausparken, rechts, links, und einen Kilometer später halten – kurz bevor irgendwer gemerkt hatte, dass wir unterwegs gewesen sind. Dank dem Zuschlag für den fünften Mann brachte die Tour immerhin sechs Euro für kaum anderthalb Minuten Arbeitszeit und auf den Straßen wimmelte es von potenziellen Kunden. Frustration wegen der kurzen Fahrt wäre mir an diesem Abend nicht in den Sinn gekommen. Ich verabschiedete die Fahrgäste und wünschte ihnen, dass das Essen gut sei. »Don't worry, we won't find you if it's not!«, bekam ich als Antwort. Wohl wahr. Berlin, große Stadt, viele Taxis, diese Geschichte.

Als ich dann jedoch nach ein paar Stunden und in der Tat leicht zu ergatternden Touren ein weiteres Mal an besagtem Restaurant vorbeifuhr, standen dort vier Winker – und ich erkannte gleich, dass es die Holländer von vorhin waren. Nach der Freude und Verwunderung übers Wiedersehen stellte ich neugierig zwei Fragen. Auf die erste – warum sie nur noch zu viert wären – antworteten sie schnell und nicht sonderlich aussagekräftig: »We lost one.« Wesentlich mehr interessierte mich aber Zweiteres: »What about the food? Was it good?« »No, not really …«

Mich hat das mehr geärgert als die Fahrgäste. Ich gebe ungern schlechte Empfehlungen und verzichte deswegen in der Regel überhaupt darauf, wenn ich mir unsicher bin. Die vier Jungs hingegen hatten alles in allem trotzdem keinen schlechten Abend gehabt und so scherzten wir auf dem Weg zu ihrem Hotel einfach weiter. Irgendwann flüsterte dann einer der drei auf der Rückbank seinem Kumpel halblaut ins Ohr: »When he brought us there, we leave the car and then we kill him. Because of the food.«

Wie schon erwähnt: eigentlich kein bisschen lustig. Allerdings war das jetzt schon die zweite Fahrt mit diesen

Gästen, die Laune war immer noch prima und die Überlegung, dass sie mir ernsthaft vor ihrem Hotel mitten in der Stadt etwas anzutun gedachten, war natürlich völlig absurd. Also bin ich auf das Spielchen eingestiegen, habe an der nächsten roten Ampel den Blinker in eine vollkommen unsinnige Richtung gesetzt und meinen Spaßvögeln mitgeteilt, dass sie mich für die schlechte Empfehlung selbstverständlich gerne töten dürften, ich dann aber leider noch einen nicht unerheblichen Umweg machen müsste, weil ich vor meinem Ableben noch einiges zu erledigen hätte. Und, dass sie sich den Spruch beim nächsten Fahrer doch besser verkneifen sollten.

Feierabend machen ist total einfach

Wenn es etwas gibt, das beim Taxifahren genauso schön ist wie in jedem anderen Job auf der Welt, dann ist es der Feierabend nach einer erfolgreichen Schicht. Diese befriedigende Müdigkeit, wenn man seinen Parkplatz gefunden hat und mit dem Umdrehen des Zündschlüssels den geschäftlichen Tag beendet. Der Trend mag vom mechanischen Zündschlüssel weggehen: Ich bin froh, dass meine Taxis bisher immer einen hatten. Ich hänge nur an wenigen altmodischen Ritualen beim Autofahren, der kraftvolle Ruck aus dem Handgelenk, mit dem der Motor nach zehn Stunden auf der Straße abgewürgt wird, ist eine Ausnahme. Dahin zu kommen ist aber manchmal gar nicht so leicht.

Ich habe mir all die Jahre immer wieder verschiedene Regeln für den Feierabend auferlegt. Meist wollte ich in einer Schicht einen bestimmten Umsatz einfahren und danach Schluss machen. Eine Zeitlang habe ich mit eher fatalistischer Grundhaltung einfach eine gewisse Stundenanzahl runtergerockt. Und irgendwann, als ich es mir leisten konnte, hab ich Schichten einfach abgebrochen, wenn ich mir einen zu miesen Stundenlohn vom Rest der Nacht versprochen habe. Ein Modell, das vielleicht wieder von Bedeutung ist, wenn der im Kapitel über die Bezahlung angesprochene Mindestlohn einmal eingeführt sein wird. Über all dem steht bei Nachtfahrern natürlich die Müdigkeit. Oder sie sollte es zumindest.

»Es gibt dieses Stadium«, so der Ratschlag meines Chefs, »wo die Mülleimer anfangen zu winken. Dann spätestens muss man unbedingt Feierabend machen.«

Und das ist real. Nicht im Sinne von Halluzinationen, sondern im Sinne von Unachtsamkeit. Als immer nach Beute suchender Taxifahrer hat man intensiver als der gewöhnliche Automobilist den Straßenrand im Blick. Es könnten dort ja Menschen stehen und winken. Im oben genannten Stadium fährt man seines Weges und erschrickt plötzlich, weil man glaubt, eine Bewegung am Straßenrand wahrgenommen zu haben. Und wenn man sich umdreht, sieht man dort bloß eine Mülltonne stehen. Vielleicht auch einen Briefkasten oder ein Verkehrsschild – auf jeden Fall irgendeinen Gegenstand, der Glück hatte, dass er sich nicht auf der Straße befand, weil man ihn sonst übersehen oder zumindest falsch eingeschätzt hätte. Dann ist man kurz davor, die Kontrolle über die Augenlider zu verlieren.

Laut einem Kollegen gibt es danach noch die Stufe, in der man bereits so eingelullt ist, dass man denkt, es wäre völlig in Ordnung, mal für ein paar Sekunden die Augen zu schließen. Alles, was danach noch kommt, ist dann Sache der Mediziner und somit nicht mehr mein Metier.

Doch nicht jedes Mal, wenn ich Feierabend gemacht habe, lagen zehn Stunden Arbeit hinter mir. Manchmal waren es deutlich weniger und manchmal auch ein bisschen mehr. Außerdem ist der Feierabend bei mir fast immer flexibel. Der Kollege, der lange Zeit mein Taxi in der Tagschicht gefahren hat, trat frühestens um 7.00 Uhr morgens, meist etwas später, den Dienst an. Mit dieser Zeit in Konflikt gekommen bin ich selten. Gefühlt ist der Feierabend im Taxi immer verhandelbar und bei mir führte das bisher dazu, dass ich die Dachleuchte zumeist anließ, auch wenn ich schon beschlossen hatte, die Schicht zu beenden. Meistens ist das schön.

Ich mag es beispielsweise, das Auto bereits zu waschen und vollzutanken und mich dann noch für eine Tour an eine Halte zu stellen. Mit viel Glück trägt sie mich bis in die

Nähe meines Abstellplatzes und verbessert so meinen Kilometerschnitt. In richtig guten Nächten treibt es einen dann noch eine Weile von Tour zu Tour, was bei sonst eher schlechter Auftragslage die Laune zum Schluss hin noch einmal deutlich verbessert. Vor Augen habend, dass man an anderen Tagen vielleicht eine Stunde auf eine Tour warten muss, hängt man gerne noch ein paar Minuten an die Schicht dran.

Was aber – und da sind wir bei den Nachteilen – durchaus auch passieren kann, ist, dass uns jemand heranwinkt und noch eine lange, womöglich nervige Fahrt bis ans andere und völlig falsche Ende der Stadt in Auftrag gibt. Stellvertretend sei hier von einer Fahrt berichtet, die ich in Friedrichshain bekommen habe. Es war vier Uhr morgens und ich wollte ausnahmsweise schon gegen fünf das Auto abstellen, da mein Tagfahrer es für eine private Fahrt benötigte. Ich fuhr gen Osten, dem Parkplatz meines Taxis in Lichtenberg entgegen. Dann ein Winker. Ich dachte mir: »Na, wo soll er schon hinwollen!«

Das hätte meinetwegen bis Hellersdorf sein dürfen. Oder Schönefeld. In meinem Kopf gab es keine Option, dass diese Tour mir den Feierabend schwer machen würde. Doch was war letztlich um fünf Uhr Sache? Ich stand am Straßenrand in irgendeinem Dorf westlich von Spandau und entschuldigte mich telefonisch bei meinem Kollegen, dass ich es unmöglich rechtzeitig zu ihm schaffen würde.

Ein anderes Mal – da hatte ich keine Verpflichtungen – stand ich in der Morgensonne am Ostbahnhof. Nur eine kurze Tour noch wollte ich machen. Dem erfreuten Kollegen hinter mir hatte ich bereits gesagt, dass ich ihm gerne eine lange Tour abtreten würde, falls eine kommen sollte. Und seine Freude war nicht umsonst, der erste Fahrgast wollte zum Flughafen Schönefeld. 20 Kilometer, 30 Euro, quasi eine Traumtour. Das wäre keine Geschichte für ein

Buch, wenn nicht der zweite und sogar der dritte Fahrgast an diesem Morgen auch dorthin gemusst hätten. Insgesamt habe ich auf meine kurze Tour länger gewartet, als ich für die Fahrt nach Schönefeld und zurück mit dem ersten Kunden gebraucht hätte.

So ist es mir oft ergangen. Und nicht nur mir. Einmal wollte mir ein anderer Kollege sogar mitten auf der Straße einen seiner Fahrgäste andrehen, weil dieser ein weites Ziel angegeben hatte. Aber solange man auf den Umsatz angewiesen ist, fällt es furchtbar schwer, die Fackel auszuschalten, weil doch noch irgendwas passieren könnte.

Schlimmer als die eine oder andere Fehlentscheidung sind aber natürlich die Kunden, die das mit dem Feierabend nicht verstehen. Gerade in für uns guten Nächten – beispielsweise Silvester – können manche Menschen nicht akzeptieren, dass eine ausgeschaltete Fackel tatsächlich bedeutet, dass wir Fahrer keine Kunden mehr mitnehmen.

»Aber Sie fahren doch sowieso noch rum!«

»Ja, aber bloß zum ...«

»Dann nehmen Sie mich kurz mit. Ist auch nicht weit.«

Und man macht sich bis zu diesem Moment keine Vorstellung davon, was »nicht weit« bedeuten kann. »Nur eine kurze Fahrt – nach Köpenick«, sagte beispielsweise eine Kundin, die am frühen Morgen ins Taxi stieg. Zweieinhalbmal so lang wie die durchschnittliche Fahrt bedeutete das in diesem Fall.

Einmal hatte ich die wirklich lange Tour schon hinter mir, eine Fernfahrt etliche Kilometer aus der Stadt raus und mit so viel Geld verbunden, dass ich guten Gewissens das Auto abstellen konnte. Aber einen Kilometer vor meinem Ziel winkte es und fortan war ich unterwegs in einen völlig anderen Bezirk, noch dazu mit einem Fahrgast, der das Wort »Eile« erfunden zu haben schien.

Toppen konnte diese ärgerliche Begebenheit nur noch jemand, mit dem die Verständigung schwierig war. Ich hatte das Auto bereits eingeparkt, die Dachleuchte ausgeschaltet, und wollte mich nun dem Papierkram nach der Schicht widmen. Und da stand er dann und wollte gefahren werden. Nun lief die Diskussion weder auf Deutsch noch auf Englisch sonderlich gut. Und nach ein paar halblebigen Gesten wusste ich auch nicht mehr, wie ich ihm hätte begreiflich machen können, dass ich Feierabend habe. Also habe ich ihn doch noch mitgenommen und am Ende mit zwanzig Euro mehr auf der Uhr die Schicht beendet. Kein allgemeinverständliches Wort zu haben für den manchmal heiß ersehnten Feierabend: grober Fauxpas meinerseits, da muss ich beizeiten meinen Wortschatz erweitern …

Der Puff-Hund

An einem Morgen endete eine recht erfolgreiche Schicht sogar noch mit einem guten Ende: zwei Fahrten direkt in Richtung Heimat. Die haben sogar meinen leicht unerfreulichen Kilometerschnitt wieder ins Plus gedrückt. Der letzte Fahrgast erzählte mir, er hätte mich angehalten, weil die Bahn gerade wegen eines Notarzteinsatzes pausieren würde – und das behielt ich im Hinterkopf, denn ich fuhr nach dem Absetzen des Kunden weiter an der Bahnlinie entlang. Die M6: die Bahn, mit der ich auch hätte fahren müssen, wenn ich nicht ausnahmsweise das Auto bei mir zu Hause hätte abstellen dürfen.

Da ich grundsätzlich gerne noch eine Tour gemacht hätte, habe ich sogar einen eigentlich unnötigen Haken über den S-Bahnhof Marzahn geschlagen. Die letzte größere Haltestelle, nur 300 Meter von meiner eigenen Haustür entfernt. Absolut letzte Chance in dieser Nacht für mich.

Von der Straße aus ist der Taxistand dort schwer einzusehen, aber erleuchtete Taxifackeln wären mir aufgefallen. Ich zögerte nachzusehen, tat es dann aber doch. Und ich hatte Glück: zwei junge Männer und ein Pitbull. Natürlich hätte ich zum Abschluss auch zwei Frauen und ein Kätzchen gefahren, ich war einfach froh um Kundschaft an sich bzw. darüber, dass ich richtig gelegen hatte.

Die beiden Männer erklärten mir, vor einer Sparkasse stehend, dass sie eine Sparkasse suchen würden. Man hätte an dieser Stelle schon vermuten können, dass mit den beiden etwas nicht ganz richtig läuft, aber noch war alles nachvollziehbar. Die Sparkassen hatten in den letzten Jahren zumindest in Berlin damit angefangen, nachts ihre Filialen inklusive der Vorräume mit den Geldautomaten wieder abzuschließen. Zu viel Vandalismus. Da die nächste noch offene Zweigstelle locker drei Kilometer entfernt war und die beiden danach wieder an den Ausgangspunkt zurück wollten, hatte ich eine Idee: Weil ich direkt in meinem Viertel war, kannte ich mich gut genug aus, um zu wissen, dass nur einige hundert Meter entfernt eine andere Bank lag, die nur mäßig hohe Gebühren für Sparkassenkunden erhob.

»Wäre es nicht besser, drüben an der Targo zu halten und dort Einsfünfundneunzig zu zahlen, wenn wir nebenbei die Taxikosten von dreizehn auf sechs Euro runter kriegen?« Nicht, dass ich etwas dagegen hatte, Geld zu verdienen, aber da war auch noch meine Müdigkeit, die enorme Angeschlagenheit des einen Kunden und nicht zuletzt die Idee, dass ich den beiden einfach eine Freude machen konnte. »Meista, mach einfach ma!«

Obwohl die beiden gar nicht erst den Eindruck erwecken wollten, vertrauenswürdig zu sein, war ich binnen der ersten paar Sekunden sicher, dass die Fahrt – den Umständen entsprechend – gut laufen würde. Sicher, da standen zwei völlig besoffene Prolls morgens kurz vor Sonnenaufgang auf der Straße herum, aber eigentlich wollten sie nur Hilfe und waren bereit, dafür zu bezahlen.

Und ohnehin schien es gar nicht so sehr um das Geld fürs Taxi zu gehen, denn sie hatten mehr als genug dabei. Wie ich in den nächsten zwei Minuten zu hören bekam, wollten sie mal eben ein- oder zweitausend Euro abheben, um noch die Dienste einer Prostituierten in Anspruch nehmen zu können.

Das Geld sollte der Betrunkenere der beiden abheben, ein kleiner dicker Typ mit gemütlichem Lächeln. Er hatte

offenbar kurz zuvor einen größeren Betrag überwiesen bekommen und schuldete dem Langen mit dem Pitbull noch eine vierstellige Summe. Das stand gänzlich außer Frage, dennoch antwortete der bequeme Geselle, als wir unweit der Bank anhielten, dass er im Auto warten würde.
»Wat, Dicker? Du musst abheben!«
»Is okay, abba ich waaat hier …«

Sein Freund grinste mich an und meinte: »Weißte, was besonders bitter ist? Ich hab genauso viel getrunken wie er.« Nüchtern war der Hundeführer zweifelsohne auch nicht, aber zum Zustand des anderen wäre weit mehr als nur ein zusätzliches Bier nötig gewesen. Sorgen machte ich mir immer noch keine, es war allerdings klar, dass das alles dauern würde. Während die beiden in bester Wildwestmanier, schwankend mit angezündeter Kippe und paarungswilligem Hund die Bank betraten, blieb ich draußen. Zum einen weil ich vor der Tür, wo es erlaubt war, eine rauchen wollte, zum anderen halte ich es für unangemessen, den Leuten auf die Pelle zu rücken, wenn sie Geld abheben.

Ich stand also gemütlich da und das Taxameter ratterte im Auto ein wenig vor sich hin. Den Feierabend jedenfalls konnte ich bereits riechen und er roch angenehmer als der Vorraum der Bank, in den ich nach dem Aufrauchen der Zigarette dann doch reinging.
»Ihr seid schon vier Minuten hier drin. Stimmt was nicht?«
»Der jibt keen Jeld.«

Ich sah mir den Automaten kurz an und erkannte, dass er noch den Startbildschirm anzeigte.
»Haste die Karte reingesteckt?«
»Na logo! Gibt er aber nich' mehr her.«

Der Kumpel drehte leicht nervös seine Runden im Raum und trat schließlich seine Kippe auf dem Fliesenboden aus. Der Pitbull versuchte unterdessen, mein Bein zu rammeln.

Er ließ sich mit Tätscheln auf die Stirn zufriedenstellen, den Dicken am Automaten musste ich zwingen, nochmal nachzusehen, ob er seine Karte wirklich eingeschoben hatte. Was natürlich nicht der Fall war, denn er zog sie gleich mit dem ersten Handgriff aus der Hosentasche an seinem Hintern, ein paar größere Geldscheine noch anbei. Der hagere Kerl nahm seinen Hund wieder an die Leine und warf mir einen Der-Typ-macht-mich-noch-fertig-Blick zu und wandte sich dann an seinen dicken Freund, ob er denn nicht mal hinne machen könne. Was in den Köpfen der beiden vorgegangen war, als sie vier Minuten tatenlos vor dem Automaten gewartet hatten, werde ich leider nie erfahren. Arg viel kann's nicht gewesen sein. Statt jetzt meinen Profi-Tipp mit der Karte zu nutzen, um schnell Geld abzuheben, quengelte der spendable Geldgeber, dass er dann wohl seine Krankenkassenkarte in den Automaten gesteckt hätte und es die jetzt erst einmal rauszuholen gelte, bevor man sich dem Geld widmen könne.

Wie zu erwarten war, stellte er kurz darauf fest, dass besagte Karte sicher in seinem Portemonnaie steckte. Als ob es nicht ohnehin ausweglos schien, dass die beiden Herren ohne fremde Hilfe Geld abheben könnten, stellte sich nun auch noch heraus, dass die Bank an institutsfremde Kunden nicht mehr als 500 Euro auszahlte. Daran hatte ich auch nicht gedacht, meistens fahre ich Banken nur mit Kunden an, die mal eben den letzten Zwanni für die Taxifahrt abheben.

Zum Glück war es den beiden völlig egal, dass wir jetzt doch noch zur Sparkasse mussten. Nicht dass der Umweg groß war, den wir gemacht hatten – aber dank der Wartezeit schaltete das Taxameter gerade auf runde zehn Euro um, als wir das Auto wieder bestiegen. Diesmal setzte sich der Dicke auf den Beifahrersitz und grinste vor sich hin, bis sein Kumpel ihn aufforderte, sich wieder nach hinten zu trollen. Er brauchte den Platz schließlich für seinen Hund. Die Diskussion war kurz, und es schloss sich nahtlos die Abendplanung an, denn die war noch nicht so sicher, wie sie eingangs erschien. Der ursprüngliche Plan, der Besuch eines Bordells, war so langsam keine Option mehr.

»Ich mein: Er hier hinten is' eh zu voll zum Ficken. Und der Hund, na den würd' ich schon heimbringen vorher. Nicht dass der ein Problem wäre – dit is'n Puff-Hund! – aber is' wohl besser. Und dann kann ich den da hinten gleich zu Hause abliefern, der wohnt bei mir ums Eck.«

Verantwortungsvolle Freunde, wie schön. So etwas vermisse ich bisweilen in Gruppen betrunkener Leute. Aber in dem Fall war der kleine Dicke nicht weniger freundschaftlich gesonnen: »Nee! Isso okay mi'n Puff! Ich bin natürlich zu hacke zum Figgn, sklaar! Abba schkann ja anner Bar waaatn mit dein' Köter!«

Ich kam nicht umhin, die Vorstellung niedlich zu finden, wie der furchtbar liebe Kerl im Bordell an der Bar sitzt, sich Drinks für jeweils 30 Euro reinpfeift und den anwesenden Damen erklärt, er wäre nur da, um auf den Hund seines Kumpels aufzupassen. Das Gespräch hakte fortan etwas, auch der Sprachfertigkeiten wegen, und plötzlich waren wir an der anderen Bank angelangt. Ich stellte wieder brav das Auto in irgendein Halteverbot – der Luxus von Taxifahrern sonntagmorgens kurz vor dem ersten Licht am Horizont – und die beiden schälten sich aus den Sitzen. Ich ging wieder mit, in der Befürchtung, das Spiel von vorhin würde sich wiederholen. Das tat es nicht, bzw. nicht exakt. Während ich nervös abwechselnd die Zigarette des Langen und den bankeigenen Teppichboden betrachtete, legte sich der Dicke fast auf die Schnauze, vollführte dabei unglaubliche Tanzschritte, denen Michael Jackson in seinen besten Jahren nur bewundernd hinterhergeblickt hätte, und rappelte sich aus ungünstigster Position wieder auf, um am

Ende mit einem Batzen Geldscheine in der Hand wieder vor der Tür zu stehen. Der Feierabend rückte näher.

Nun fiel auch schnell die Entscheidung über den weiteren Abendverlauf: Jener Typ, der eigentlich gerade damit beschäftigt war, sich gegen die Liebesavancen seines Hundes zu wehren, beschloss, dass es Zeit für den Heimweg sei. Er überlegte, seine Gelüste vielleicht mit einer Dame zu stillen, die Hausbesuche anbietet, und legte sonst viel Wert darauf, dass der Kumpel sicher zu Hause ankommt. Wir warteten im Taxi sogar, bis selbiger nach einigen Gehversuchen das Problem Haustür erfolgreich gemeistert hatte.

Während der Pitbull immer verzweifelter versuchte, sein Herrchen zu besteigen, dankte dieser mir erstaunlich ruhig für die nette Fahrt und lotste mich durch verzweigte Wege unseres Plattenbauviertels, die ich selbst noch nicht kannte. Er belächelte seinen Freund und erfreute sich schmallippig grinsend, wie er selbigem morgen vermutlich nochmal haarklein würde erklären müssen, wieso zur Hölle er in dieser Nacht zweimal 500 Euro abgehoben habe. Aber das sei schon in Ordnung, es wäre nicht das erste Mal.

Die Uhr zeigte am Ende 19,80 Euro an, überwiegend während der Wartezeit aufgelaufen. Der Puff-Hund verließ mein Auto, ohne erkennbare Schäden angerichtet zu haben, sein Herrchen ebenso. Und ich bekam von dem Tausender immerhin einen stolzen Fünfer Trinkgeld. Und den inzwischen langersehnten Feierabend gab's noch obendrauf.

Was liegen bleibt

Diesmal hatte ich es geschafft: Feierabend! Der öffentliche Parkplatz, auf dem ich mein Taxi abstellte, befand sich direkt neben einer Haltestelle der Straßenbahn, mit der ich heimfahren musste. Die Anzeige dort verriet mir, dass ich nur noch sieben Minuten Zeit hatte. Ich erledigte den nötigen Papierkram, packte mein Zeug zusammen und versuchte, meinem Kollegen aus der Tagschicht das Auto so ordentlich wie möglich zu hinterlassen. Betankt war die Kiste schon, von außen gewaschen auch, die Scheiben blitzten geputzt. Der Innenraum hatte während der Schicht nicht groß gelitten, das Saugen hatte ich mir erspart. Nachdem ich meine CD aus dem Laufwerk geholt und die Halterung fürs Handy demontiert hatte, öffnete ich den Kofferraum und fand, nun ja, einen Koffer. Uff!

Hypothetisch war mir dieser Fall bekannt, in der Praxis hatte ich es in nunmehr fünf Jahren eher zu einem Witz werden lassen, dass ich den Fahrgästen zum Abschied immer sagte, dass es ja ein schlechtes Ende sei, wenn ich als Taxifahrer mit ihrem Gepäck abhauen würde. Dabei hielt ich es aber stets für ausgeschlossen, dass ich das wirklich tun würde. In dem Fall war die Lösung wenigstens problemfrei: Ich habe den Koffer geöffnet und einen Teilnehmerausweis für eine Tagung gefunden, an der der Inhaber des Gepäckstücks offenbar teilgenommen hatte. Nach ein bisschen Googelei bekam der junge Mann eine Mail von mir, bevor ihm überhaupt aufgefallen war, dass sein Koffer fehlte. Am folgenden Abend habe ich das Gepäckstück bei ihm abgegeben und dafür ein Trinkgeld entgegengenommen. Schön, wenn es so läuft!

Insbesondere in der Nachtschicht ist ein Taxi natürlich ein prima Ort, um Dinge zu finden. Viele der Protagonisten auf dem Rücksitz sind nicht mehr zurechnungsfähig, da fällt einiges aus irgendwelchen Taschen. Brillen, Handys, Kleingeld – und das sind nur die üblichen Verdächtigen. Koffer sind da eher selten, die müssen von Fahrern und Fahrgästen gleichermaßen aktiv vergessen werden.

Als Kunde sollte man wissen, dass wir Taxifahrer gesetzlich verpflichtet sind, Fundsachen dem entsprechenden Fundamt zu melden. Darüber hinaus wird zumindest bei bestellten Fahrten auch meistens eine Meldung an die jeweilige Taxizentrale gemacht. Wie gut die Chancen stehen, seine Sachen dort zurückzubekommen, kann ich allerdings nicht erahnen. Denn zum einen existiert eine Grenze von 10 Euro, unter deren Schwelle wir zu keiner Meldung verpflichtet sind. Ich will es nicht schönreden, aber verlorenes Kleingeld läuft selbst bei mir in der Statistik unter Trinkgeld. Zumal man bei Geld ja ohnehin schwer die rechtmäßigen Besitzer ermitteln kann.

Das ist bei Handys oder Geldbörsen natürlich einfacher – und dementsprechend hatte ich diesbezüglich auch schon einige vergnügliche Fahrten und teilweise sehr ansehnliche Trinkgelder für meine Ehrlichkeit. Dass auch der eine oder andere Taxifahrer mal Fundsachen einsteckt, mag sein – aber als aufgebrachter Kunde sollte man auch nicht den Trubel des Geschäftes vergessen! Wenn jemand bei mir beispielsweise ein Handy verliert, das ihm in den Fußraum rutscht, so kann es leicht passieren, dass es dort der nächste Fahrgast findet, bevor ich dazu gekommen bin, das Auto gründlich durchzusehen. Ich bin sicher, dass auch bei den Fundsachen gilt: Wir Taxifahrer sind besser als unser Ruf.

An dieser Stelle sollte ich meinen Chef erwähnen, der einmal früh morgens vor der Arbeit einen ganzen Straßenzug mit Plakaten vollgehängt hat, weil eine Kundin, die seines Wissens nach »irgendwo dort« ausgestiegen war, etwas vergessen hatte. Ich weiß nicht mehr, was es genau war – wohl aber, was dann passierte: Eine überglückliche Frau betrat mit einem großzügig ausgestatteten Geschenkkorb unseren Firmensitz und hat damit dafür gesorgt, dass – Zitat meines Chefs – wir nun wieder »ein paar Kilo mehr Taxifahrer« hätten.

Mein Lieblingsfundstück war ein Handy, genauer ein ziemlich teures und exklusives Smartphone. Der Besitzer rief auch mehrmals darauf an, aber mir gelang das Rangehen erst nach geraumer Zeit, weil es gesperrt war und die Anrufe zu kurz dauerten. Nach eigener Aussage hatte er beim letzten Versuch schon längst die Hoffnung aufgegeben und war eigentlich nur überrascht, dass es noch nicht ausgeschaltet war.

Ich hatte den Typen in guter Erinnerung, wenngleich er am Vorabend wirklich sämtliche Trinkspiele auf einmal gewonnen haben musste, so wie ich ihn zu Hause abgeliefert hatte. Statt mich noch einmal zu sich fahren zu lassen, kam er persönlich am Sonntagnachmittag bei mir vorbei, frisch rasiert und mit einer eiligst an der Tankstelle erworbenen Flasche Wein als Dankeschön. Und das sind auch die Stories, die man am Taxistand unter den Kollegen hört. Nicht, dass jemand ein neues iPhone gefunden hat, sondern wie sich die Leute dafür bedankt haben, dass man es ihnen wiedergebracht hat.

Beinahe noch mehr Glück hatte ein junger Kerl, dessen Handy ich fast den nachfolgenden Fahrgästen in die Hand gedrückt hätte, weil ich dachte, es sei ihres. Als das geklärt war, habe ich einfach die erste Nummer in den Kontakten angerufen. Nachts um drei Uhr. Als guter Samariter hab ich's nicht so mit Uhrzeiten. Aber tatsächlich gehörte die Nummer zu einem der Leute, mit denen er unterwegs war. Beim lauten Utz-utz im Hintergrund ist mir die Truppe auch gleich wieder eingefallen: Es war ein ziemlich nerviger Haufen, die ich zum »Tresor« gebracht hatte. Sie hatten sich kaum auf ein Ziel einigen können, wollten ständig den Fahrpreis drücken und haben am Ende keinen Cent Trinkgeld gegeben. Ich hätte fast wieder aufgelegt, als der Typ am Telefon mich anschnauzte, weshalb ich ihn anrufen würde und ob ich bescheuert sei. Sein Glück, dass mir klar war, dass er seinen Kumpel im selben Club am Ende der Leitung vermutete. Am Ende dieser Aktion war vor allem die Demut der Jungs für mich schön anzusehen. Der vor einer Stunde noch total doofe und spießige Taxifahrer, der überhaupt keinen Spaß versteht, war nun total toll und wurde mit allem Kleingeld sämtlicher verfügbarer Geldbörsen überhäuft. Selbst als Rache funktioniert das Zurückbringen von Fundsachen offenbar …

Einen lustigen Nebeneffekt der Vergesslichkeit der Kunden muss ich zum Schluss noch erwähnen: Obwohl auch im Taxigewerbe die Zahl der Raucher sinkt, hat so ziemlich jeder Taxifahrer bei sich im Auto Feuerzeuge und Zigaretten. Wie oft ich schon von Kollegen Feuerzeuge bekommen habe, als mein eigenes leer war, ist leider nicht mehr rekonstruierbar.

Besser als unser Ruf

Nun sind wir fast am Ende dieses Buches mit meinen Taxigeschichten. Hoffentlich konnte ich meine Leser hin und wieder zum Schmunzeln bringen. Vielleicht ist auch hängengeblieben, dass wir Taxifahrer einen durchaus anspruchsvollen Job machen und größtenteils interessante und nette Leute sind, mit denen ein Gespräch lohnt.

Sicher ist der Job für manch einen von uns nur eine Notlösung, für viele bedeutet das aber auch, dass sie zuvor oder nebenher andere Dinge machen oder gemacht haben. Das Fahren von A nach B ist im Grunde eine bescheidene Leistung, die uns zudem mehr und mehr von Computern abspenstig gemacht wird. Heute schon ist jedes zweite Handy auch ein Navi und macht die Nachfrage am Taxistand überflüssig, morgen fahren die Autos ohne Fahrer alleine ans Ziel, da bin ich mir ziemlich sicher. Was unseren Job seit nunmehr knapp über hundert Jahren ausmacht, ist nicht zuletzt die Verknüpfung verschiedenster Dinge. Da ist zum einen die profunde Ortskenntnis, zum anderen die Tatsache, nah an den Menschen zu sein. Wir sind die, die gerufen werden, wenn sich tränenblinde und frisch getrennte Leute heimbringen lassen wollen und wir sind oft die, die den Patienten zu seiner schweren OP ins Krankenhaus fahren, der uns dann erzählt, dass den Rückweg der Fahrer eines schwarzen Autos mit Gardinen erledigen wird. Ebenso begleiten wir frischvermählte Paare, die ihr Hotel für die Hochzeitsnacht ansteuern, und erledigen die rasante Fahrt mit den Frauen, deren Wehen doch ein bisschen schnell eingesetzt haben. Vielleicht gilt für Taxifahrer auch, was dereinst die Toten Hosen über ihre Vorbildfunktion als Rockband gesungen haben: »Mal sind wir Helden und mal Diebe, je nachdem, wie der Wind sich dreht …«

Ich habe in den paar Jahren, in denen ich die Straßen Berlins als Taxifahrer durchstreifte, viel gelesen – viele Presseberichte und Artikel, viele Bücher und Blogs von Kollegen. Und trotz einiger unrühmlicher Ausnahmen war der Tenor meist gleich: Wir sind besser als unser Ruf!

Das mag sicher am eher schlechten Ruf liegen, aber selbst die haltlosesten und gelegentlich pseudojournalistischen Taxitests, wie sie von RTL, dem ADAC, der Bild und Konsorten immer mal wieder als Füllmaterial versendet und gedruckt werden, zeigen am Ende meist nur, dass natürlich bei einer Taxifahrt viel schiefgehen kann, es aber fast ausschließlich am Fahrer liegt, ob diese alltägliche Geschäftsbeziehung, die selten mehr als ein paar Minuten dauert, alles in allem vielleicht sogar einen bleibenden und positiven Eindruck hinterlässt.

Ich gehöre nicht zu denen, die das schönreden wollen. Das Taxigewerbe hat – wie jedes andere Gewerbe – Probleme. Viele davon sind hausgemacht, auch das will ich nicht bestreiten. Vielerorts wird nicht auf die Qualität geachtet, und natürlich gibt es in unseren Reihen die oft genannten schwarzen Schafe. Vielleicht sogar vergleichsweise viele, weil unser Gewerbe so mobil und gleichzeitig so einsiedlerisch ist, dass es sich Kontrollen manchmal effizienter entziehen kann als andere.

Auf der anderen Seite haben wir es tatsächlich nicht leicht. Einige der Probleme begründen sich in miserabler Politik, schlechten Rahmenbedingungen und mangelndem Interesse. Ob bei der Verkehrsplanung an sich oder speziell beim Neubau von Flughäfen: Meistens wird an die Taxen zuletzt gedacht. Dass auch wir Teil des öffentlichen Nahverkehrs sind, wissen die wenigsten Menschen hierzulande.

Neben den Projekten für Bus und Bahn (die ich nicht in Frage stellen möchte) werden die Taxen gerne unter »ferner liefen« eingeordnet. Schließlich sind die Taxiunternehmen privat organisiert, da werden die Unternehmer das schon irgendwie hinkriegen …

Und, tatsächlich, das tun sie. Ob Unternehmer oder angestellte Fahrer – wir wuseln uns durch den Alltag und schaffen es immerhin, dass – zumindest laut meiner Kundschaft und ein paar repräsentativen Befragungen – ein Großteil insgesamt zufrieden ist mit uns. Zumindest noch sind wir von Zuständen entfernt, die dazu führen, dass von offizieller Seite davor gewarnt wird, ins Taxi zu steigen, wie ich es in Prag beispielsweise feststellen musste. Noch gesteht uns auch RTL trotz Interesse an möglichst sensationellen Fehlschlägen zu, dass wir eigentlich ganz gute Arbeit machen. Sicher, nicht ohne auf den paar gefundenen Negativbeispielen rumzuhacken, aber da ergeht es auch Handwerkern nicht besser.

Was das Taxifahren so besonders macht, ist, dass es ein wichtiges Bedürfnis – die Mobilität – befriedigt und zugleich einen sehr privaten Rahmen zwischen oft nicht mehr als zwei Menschen bietet. Was im Taxi vorgeht, wissen meist nur der Fahrer und der jeweilige Kunde. Hierin liegen einerseits Vorteile, wie die auch in diesem Buch oft angesprochene Intimität, andererseits Nachteile, wie z.B. erschwerte Kontrolle von außerhalb und begrenzte Einflussnahme auf negative Entwicklungen.

Seit ich diesen Beruf ausübe, seit ich Taxifahrer bin, fahre ich auch als Fahrgast öfter Taxi. Nicht, weil ich's mir leisten kann – ich rede von den Situationen, in denen es einfach hilfreich ist, schnell oder bequem anzukommen. Hier aber habe ich die Erfahrung gemacht, dass die guten Kollegen in der Überzahl sind.

Dabei habe ich inzwischen sogar mehr Angst davor, als Kunde Taxi zu fahren – weil ich befürchte, dass mich die Kollegen mit Kleinigkeiten nerven, die ich früher nicht bemerkt hätte.

Ich bin nicht dafür, den schwarzen Schafen alles durchgehen zu lassen. Im Gegenteil. Einige von denen verdienen viel zu gutes Geld durch Betrug am Kunden. Jeder Hinweis, jede Beschwerde ist da hilfreich. Andererseits täte mehr Realismus bei der Bewertung manchmal auch not. Teil unserer Arbeit als Taxifahrer ist es, mehr zu wissen als unsere Kundschaft. Nicht jede vorgebrachte Baustelle ist ein Versuch, Geld zu ergaunern, und selbst wenn wir einen Blick aufs Navi werfen, dann hat das meist auch nur das Wohl der Kunden zum Ziel. Im Großen und Ganzen kann man uns vertrauen. Selbst und gerade wenn wir zugeben, etwas nicht ganz genau zu wissen.

Auch über mich haben sich natürlich schon Fahrgäste beschwert. Hier ein versehentlicher Umweg, dort ein angeblicher. Dass ich »nur einen Opel« fahre, hat Fahrgäste erzürnt, selbst die Manipulation des Taxameters wurde mir schon unterstellt.

Die Betrugsvorwürfe waren am Ende immer schnell ausgeräumt, hier oder da musste ich aber auch mal einen Fehler eingestehen. Aber wer will sich bitte anmaßen, stets perfekt zu sein?

Bei meinen letzten Fahrten als Kunde war ich jedes Mal positiv überrascht. Ich habe Fahrer getroffen, die meinen Stadtteil besser kannten als ich, Fahrer, die kürzere Wege kannten als ich – und am Ende waren die Fahrten meist günstiger, als ich im Kopf ausgerechnet hatte. Und das, obwohl ich mit der Zeit sehr gut im Schätzen unseres eigenen Tarifs geworden bin.

Ich muss keine Werbung fürs Taxi machen. Unser Zweck ist es ja, immer für jeden da zu sein, da ist die nächste

Fahrt nur eine Frage der Zeit. Wenn ich so etwas wie Werbung machen will auf diesen letzten Seiten, dann ist es für die vielen Kollegen da draußen und dafür, deren Dienstleistung ernst zu nehmen und wertzuschätzen. Und, jetzt am Ende kann ich's ja verraten, es haben auch noch einige andere außer mir sehr lesenswerte Bücher über diesen Job geschrieben. Halten Sie ruhig danach Ausschau!

Und wenn Sie einmal nachts in Berlin ein Taxi brauchen sollten: Mich gibt es wirklich und ich stehe wirklich an den Taxihalten, die ich hier im Buch genannt habe. Aktuellere Infos und noch mehr Geschichten können Sie in meinem Blog lesen: gestern-nacht-im-taxi.de

Ich wünsche noch eine gute Nacht und danke für das Trinkgeld!

Sascha Bors, Jahrgang 1981, arbeitet seit 2008 als Taxifahrer in Berlin. Der 2007 in die Hauptstadt gekommene gebürtige Stuttgarter betätigt sich überdies auf mehreren Internetseiten als Autor und Blogger.
Blog: gestern-nacht-im-taxi.de

Ulrich Gineiger
Vorsicht, Fisch kann Gräten enthalten!
Bürokratischer Wahnsinn
in Deutschland und Europa
Broschur, 192 Seiten
ISBN 978-3-95451-320-8

Im Kölner Rathaus darf nur noch Informationsmaterial ausgelegt werden, das »tagesaktuell frisch gedruckt ist«. Denn in frischem Papier ist der Feuchtigkeitsgehalt höher als in altem – sagt der Brandschutz. Kein Einzelfall: Der Absicherungswahn hat das Land fest im Griff. Es geht nicht mehr um Sicherheit: Es geht um die juristische Absicherung für den Katastrophenfall. So gibt es eine (mehr als überflüssige) Grabsteinschüttelverordnung: Juristen werfen die Frage auf, wen die Schuld trifft, wenn ein fallender Grabstein einen Menschen erschlägt. Diese Form der Überreglementierung hat alle Lebenslagen erfasst und hätte einen hohen Unterhaltungswert – doch im konkreten Alltag nimmt sie uns den Atem. Ulrich Gineiger, Redakteur beim Deutschlandfunk, versammelt in diesem lesenswerten Buch unglaubliche Geschichten aus dem deutschen und europäischen Bürokratenalltag.

»›Vorsicht, Fisch kann Gräten enthalten!‹ Nicht, dass wir glauben, Sie wüssten das nicht – nein, so heißt ein neuer, wunderbarer Schmöker über den Irrsinn des europäischen Absicherungswahns. Leichte Kost für einen Nachmittag im Liegestuhl.«
Food & Travel Magazin

Lucia Jay von Seldeneck, Verena Eidel, Carolin Huder
111 Orte in Berlin, die man gesehen haben muss
Broschur, 240 Seiten
ISBN 978-3-89705-853-8

Berlin ist groß, riesig groß. Kein Mensch wird jemals fertig mit dieser Stadt. Aber es lohnt sich, sie immer wieder neu zu entdecken! Dieses Buch zeigt den Weg zu 111 unbekannten, skurrilen und spannenden Orten: Wie kommt man auf den Geisterbahnhof in Siemensstadt? Welchen Whiskey hat David Bowie in seiner Stammkneipe getrunken? Was kostet eine Übernachtung im Prinzessinnenzimmer in einer Marzahner Platte? Und wo konnte man in West-Berlin Bauern bei der Ernte zugucken? In diesen 111 Fundstücken wohnen Bilder, Geschichten und ganz eigene Stimmungen. So zeigt sich Berlin dem neugierigen Entdecker – abseits der bekannten Pfade.

Lucia Jay von Seldeneck, Verena Eidel, Carolin Huder
111 Orte in Berlin, die man gesehen haben muss, Band 2
Broschur, 240 Seiten
ISBN 978-3-95451-207-2

Berlin ist noch lange nicht fertig. Und deshalb kann das Erfolgstrio nach dem ersten Band gar nicht anders – und macht weiter: Es lässt sich treiben und wird dabei von dieser Stadt in ihrer Unvollkommenheit immer wieder aufs Neue überrascht. Das war schon immer so: Berlin erklärt sich nicht auf den ersten Blick – die wahren Schätze muss man aufspüren. Wer kam als Statue nie auf seinen Sockel? Wann leuchtete die erste West-Reklame in Ost-Berlin? Was wird unterirdisch in den hängenden Gärten geerntet – und wo genau liegt eigentlich der Mittelpunkt dieser Stadt?

Ralph Bergel, Patricia Schmidt-Fischbach
111 Geschäfte in Berlin, die man erlebt haben muss
Broschur, 240 Seiten
ISBN 978-3-95451-334-5

Egal, was man sucht – Berliner Schrauben oder Liebesspielzeug, Brafitting oder Burkina, toys for boys oder Design made in Berlin, Blutwurst- oder Pflanzen-Eis, finnisches Papiergarn oder Jahrgangszigarre –, in Berlin jibt et nüscht, wat et nich jibt. Nur finden muss man's. Dieser Band ist eine sehr persönliche Entdeckungsreise zu eigenwilligen Inhabern und schrägen Ladenideen, zu Traditionssortimenten, die die Liebe zum Produkt verraten, und zu spezialisiertem Nischen-Bedarf. Vom Luxus-Feeling über Vintage-Charme bis zur Zen-Atmo ist alles da – zwischen Pankow und Steglitz, Charlottenburg und Köpenick. Nützlich für Berliner, Neu-Berliner, Ex-Berliner und Besucher.

Lucia Jay von Seldeneck, Verena Eidel, Carolin Huder
111 Orte in Berlin, die Geschichte erzählen
Broschur, 240 Seiten
ISBN 978-3-95451-039-9

Berlin ist ein Knäuel. Nicht nur die bunte Oberfläche. Es sind auch die über die Zeit verwobenen vielen Geschichten, die den Mythos ausmachen: Wer waren Lili und Marleen und warum kamen sie zum Tor an der Kaserne? Stimmt es, dass der Maler Heinrich Zille selbst einmal Modell stand? Wo entstanden über Nacht so viele Keller-Clubs, dass man sie der Einfachheit halber nach Wochentagen nannte: Montagsbar, Dienstagsbar, Mittwochsbar … Was trug Anita Berber unter ihrem Hermelin-Pelz? Und liefen die Uhren hier wirklich einmal monatelang nach Moskauer Zeit? 111 Orte erzählen Geschichten, die das große Wunderding Berlin auf eine ganz eigene Weise entwirren.

Nadia Boegli, Paul Kohl
111 Orte in Berlin auf den Spuren der Nazi-Zeit
Broschur, 240 Seiten
ISBN 978-3-95451-220-1

Viele Nazi-Orte in Berlin kennt man. Touristen werden im Pulk dorthin geführt. Doch wissen Sie auch, wo der Großmufti von Jerusalem den NS-Bonzen seine Hilfe zur Vernichtung der Juden anbot? Wo die Barren des Nazi-Goldes schlummerten? Wo die Hakenkreuzfahnen und Judensterne tonnenweise hergestellt wurden? Wo Hitler bei Tee und Obsttörtchen seinen Terror vorbereitete? Und woher stammte das enorme Vermögen der Reichen des Reiches Göring, Goebbels, Hitler und Himmler? In diesem Buch erfahren Sie es. Es führt Sie an Orte, die man niemals vergessen sollte.

André Stanly, Mirela Stanly
Unnützes Wissen Berlin
711 erstaunliche Fakten
Broschur, 192 Seiten
ISBN 978-3-95451-521-9

Dieses Buch versammelt 711 mal Kurioses über Berlin: Wie viel kostet es, mit dem Taxi durch das gesamte Berliner Straßennetz zu fahren? Wo in Berlin kann man das linke Ohr Stalins betrachten? Wie viele Kloschüsseln hat der Berliner Hauptbahnhof? Wie schnell dreht sich der Mercedes-Stern am Europa-Center? Entdecken Sie Berlin von seiner amüsant-verblüffenden Seite und lassen Sie selbst eingefleischte Berliner vor Staunen blass aussehen. Was Sie schon immer über Berlin wissen wollten und nie zu fragen wagten.

Martin Genahl
Der Tag, an dem es Kapitalisten regnete
Historischer Kriminalroman
Broschur, 176 Seiten
ISBN 978-3-95451-258-4

Berlin 1929: Ein Börsenmakler stürzt aus einem Bürogebäude in den Tod. Während die Polizei den Fall rasch als Selbstmord zu den Akten legt, gibt sich der Bruder des Toten damit nicht zufrieden. Mit Hilfe der illustren Musiker aus seiner Tanzkapelle Grammofox und der unorthodoxesten Ermittlungsmethoden der Kriminalgeschichte setzt Barmusiker Max Gerepolski eine fulminante Verbrecherjagd in der Hauptstadt der untergehenden Weimarer Republik in Gang …